Robert Brown

Das Leben im Jenseits

GIGER

Robert Brown

Das Leben im Jenseits

Botschaften aus der Geistigen Welt

Aus dem Englischen übersetzt
von Eva Güldenstein-Holzer

Giger Verlag

Die Originalausgabe erschien unter dem Titel
WE ARE ETERNAL
im Verlag »Warner Books«, USA

1. Auflage 2008

Tel. 0041 55 442 68 48
www.gigerverlag.ch

Lektorat: Monika Rohde, Leipzig
Umschlaggestaltung: FranklDesign, München, unter Verwendung einer Illustration von artshivananda
Layout: Roland Poferl Print-Design, Köln
Druck und Bindung: GGP Media GmbH, Pößneck
Printed in Germany

ISBN 978-3-9523202-5-9

Ich danke Euch allen,
in Vergangenheit und Gegenwart,
die Ihr mir zeigt,
dass es die Botschaft ist, die wichtig ist,
und nicht deren Überbringer.
Euer Vertrauen in mich ist der Angelpunkt,
um den sich meine ganze Entwicklung
zum Medium dreht.

Inhalt

Vorwort

Es ist mir eine große Ehre, einleitende Worte zum Buch meines Freundes Robert Brown schreiben zu dürfen. Ich kenne Robert seit mehr als zwanzig Jahren und konnte in dieser Zeit mitverfolgen, wie beeindruckend sich sein medialer Weg entwickelte. Als ich ihn kennenlernte, war er ein junger Mann von siebzehn Jahren. Seine Fähigkeiten haben mich sofort beeindruckt. Ich überredete ihn, an meinem Zirkel teilzunehmen und seine Fortschritte danach waren enorm. Nachdem ich aus dem Zirkel ausgetreten war, um selbständig als Medium zu arbeiten, ließ er sich dazu überreden, einer Gruppe beizutreten, die ich leitete. Anderthalb Jahre später war Robert soweit, dass auch er selbständig mit seiner Arbeit beginnen konnte, aber es fiel ihm schwer, damit seinen Lebensunterhalt zu verdienen. Mit der Zeit akzeptierte er seine Berufung und erreichte einen sehr hohen Bekanntheitsgrad im britischen Raum, später auch in Übersee. Roberts Können hat ihn nach Europa, in die USA, nach Kanada, Indien, Australien und Asien geführt, und egal wo er hinkommt, wird seine Arbeit gelobt.

Dank unserer Freundschaft konnten wir bei zahlreichen Gelegenheiten miteinander auftreten, und ich sah so mit an, wie sich seine Fähigkeiten stetig erweiterten und vergrößerten. Robert arbeitet ständig daran, sein Können zu verbessern und ruht sich nie auf seinen Lorbeeren aus. Ich bin stolz darauf, sagen zu können, dass ich einer seiner Förderer war, und ich wünsche ihm alles Gute und viel Erfolg auf seinem weiteren Lebensweg als Medium.

Peter Close
Internationales Medium

Einleitung

Seit uralten Zeiten setzt sich die Menschheit fasziniert mit der Frage auseinander, was wohl geschieht, wenn unser physischer Körper aufhört zu funktionieren. Ob wir nun in Mausoleen oder Pyramiden zur Ruhe gebettet oder sonst in einem Grab beigesetzt werden oder ob Feuer uns verzehrt – wir alle hoffen doch, dass es nach den Mühen des Lebens noch etwas anderes gibt: Dass unsere Seele nicht einfach mit unserem Körper stirbt; dass uns nach Qual und Herzschmerz, nach Freude und Ekstase und nach all den anderen Empfindungen, die wir durchleben, noch irgendeine Entschädigung oder Belohnung zuteil wird.

Die meisten der führenden Weltreligionen versprechen ihren Gläubigen, dass sie nach dem Tod etwas Besseres erwartet. Viele dieser Religionen geben ihren Anhängern aber nur allgemeine Hinweise darauf, was nach ihrem Tod geschieht, so dass diese nur unvollständig darüber informiert sind, was auf sie zukommt – vielleicht aus Unwissenheit, vielleicht aber auch aus Angst vor Kontrollverlust. Was ich darüber, was nach dem Tod des Körpers geschieht, erfuhr und als wahr erkannt habe, war mit Sicherheit schon einigen seit Jahrhunderten bekannt. Und doch fangen wir erst in letzter Zeit damit an, selbständig zu denken und uns bewusst zu machen, dass wir verantwortlich sind für die Art und Weise, wie wir die Erde und uns behandeln, und dass wir aus eigener Erkenntnis wissen, was mit unseren Seelen geschieht. Keine einzige Sekte, Gruppe, Einzelperson oder Organisation kann das ganze Wissens in sich vereinen – viele haben es versucht und sind gescheitert. Die Wahrheiten, die ich über das Leben nach dem »Tod« entdeckt habe, sind allen in gleichem Maße zugänglich.

Obwohl ich im ersten Kapitel über meine eigene mediale Entwicklung schreibe, ging es mir vorher so wie vielen: Als ich zum ersten Mal von Sensitiven und Medien hörte, die behaupteten Botschaften von Toten zu vermitteln, oder wenn mir Menschen Geschichten von Medien erzählten, in deren Gegenwart die lieben Verstorbenen angeblich sprachen, dann wies ich solche Erzählungen als reine Erfindungen zurück. Diese Scharlatane konnten mich keineswegs hinters Licht führen. Diese Leute hausierten, meiner Meinung nach, mit den schlimmsten, gemeinsten Lügen, die es gab. Aber kaum hatte ich diesen Gedanken zu Ende gedacht, begann ich mich zu fragen, was, wenn das alles nicht einfach Unsinn war? Was, wenn diese Leute vielleicht doch keine Lügen erzählten, sondern die wunderbarste Wahrheit verbreiteten, von der die Menschheit wusste? Ich war fest entschlossen, das herauszufinden, obwohl es für einen jungen Londoner im Teenageralter nicht einfach war, Zugang zu der mir damals verschlossen erscheinenden, geheimnisumwitterten Welt der Séancen und Medien zu finden. Noch viel ferner lag mir die Vorstellung, dass ich einmal als Medium unterrichtend und vortragend die Welt bereisen würde. Auch hatte ich damals keine Ahnung, dass der Weg, den ich dann beschritt, allen offen steht. Dass jeder einzelne unter uns die Fähigkeit hat, diese Wahrheiten zu verstehen, dass wir uns nicht auf eine Gruppe oder Person stützen müssen, um zu erfahren, was mit unseren Seelen nach dem physischen Tod passiert.

Ich habe die Gabe der Medialität jetzt seit mehr als zwanzig Jahren unablässig in vielen Ländern dieser Erde öffentlich vorgeführt. Es war nicht das, was ich mir als Teenager vorgenommen hatte, aber ganz offensichtlich bestanden andere Pläne für mich. Schließlich sagt man als Schulabgänger nicht: »Ich denke, ich werde meine Brötchen mit Jenseitskontakten verdienen.« Aber genau das ist letztendlich eingetreten.

Ich kann mich nicht erinnern, dass ich jemals Angst vor dem Tod gehabt hätte. Ich habe mir oft Gedanken oder gar Sorgen darüber gemacht, auf welche Art ich sterben würde. Aber die eigentliche Vorstellung, dass mein irdisches Dasein ein Ende finden würde, hat mich nie in Angst und Schrecken versetzt. Irgendwie habe ich immer gewusst, dass es weiter geht, mehr gibt als dieses Dasein.

Es begann während meiner Teenagerzeit, einer Zeit in der andere Tanzanlässe und Discos besuchten. Ich dagegen begann mich ernsthaft damit auseinanderzusetzen, ob es in diesem Chaos, das wir Leben nennen, irgendeine Ordnung gab. Ich versuchte, eine Antwort zu finden auf die uralte Frage: »Gibt es ein Leben nach dem Tod?« War es möglich, dass es über die tagtägliche Aufgabe hinaus, unsere Rechnungen zu zahlen, materielle Werte anzuhäufen und den immer schwieriger werdenden Balanceakt dieses Leben mit all seinen Anforderungen zu leben und zu meistern, noch einen tieferen Sinn gab? Konnte Leben mehr bedeuten, als nur von einem Tag zum nächsten zu existieren?

Ich hoffe, dass dieses Buch vielen hilft, eine Antwort auf diese Frage zu finden, so, wie meine eigenen Erfahrungen im Leben diese Frage für mich beantwortet haben.

Medien sind selten spannende Leute, abgesehen von ihrer medialen Arbeit. Ich selbst bin der lebende Beweis dafür, und deshalb wollte ich auch nie ein Buch über mein Leben schreiben. Um aber die Schlussfolgerungen über den Sinn des Lebens, zu denen ich gelangt bin, zu verstehen, ist es notwendig, meinen Weg aufzuzeigen. Obwohl mein Leben und meine Arbeit in den Augen vieler Leute außergewöhnlich erscheinen mögen, unterscheide ich mich in Wirklichkeit nicht so sehr von anderen. Ebenso haben die Menschen, die mich für eine Beratung aufsuchen, egal ob sie nun Hausfrauen oder Prinzessinnen, Manager oder Handwerker waren und sehr unterschiedliche Leben führten, trotz alldem viele Gemeinsamkeiten.

Ich bin kein großartiger Geistlicher[1]. Ich habe nie versucht, jemanden zu überzeugen oder zu bekehren. Mein Weg war, bis zu einem gewissen Grad, eigennützig. Ich wollte etwas in Erfahrung bringen, und ich habe mich getraut, zu fragen.

1. In den meisten englischsprachigen Ländern ist der Spiritualismus eine anerkannte Religion. Medien können zu Geistlichen (engl. »minister«) ordiniert werden, die in den spiritualistischen Kirchen Gottesdienste abhalten. (A. d. Ü.)

Auf meinem Weg habe ich das große Glück gehabt, mit vielen verschiedenen Menschen arbeiten zu dürfen, ob dies nun Eltern waren, die den Tod eines Kindes akzeptieren mussten, Kinder, die sich mit dem Tod eines Elternteils auseinandersetzten, oder Menschen, die in irgendeiner Weise von einem Selbstmord, Mord, einer Fehlgeburt oder einem »Unfall« betroffen waren.

Nach mehr als zwanzig Jahren kommt mir keine Todesart in den Sinn, mit der ich nicht schon einmal zu tun gehabt hätte. Alle diese Menschen haben in großem Maße zu meinem Verständnis und meinem Wissen beigetragen. Für sie war es eine Gelegenheit, ein wenig Seelenfrieden zu finden, eine Möglichkeit festzustellen, dass ihre Lieben tatsächlich in einer anderen Dimension weiterlebten. Für mich war es immer und immer wieder eine gute Gelegenheit, die von meinen jenseitigen Gesprächspartnern aufgestellten Behauptungen, dass es keinen Tod gibt, zu überprüfen und zu hinterfragen. Vielfach bewegten die Sitzungen die Gemüter aller Beteiligten zutiefst, für mich aber war eine Sitzung immer dann erfolgreich, wenn Informationen, die niemand der Anwesenden wissen konnte, sich später als richtig herausstellten. Damit war Telepathie ausgeschlossen und das »Anzapfen« des Klienten und, wenn die Information erst nach der Sitzung überprüft werden konnte, überdies Betrug. In diesem Zusammenhang möchte ich darauf hinweisen, dass ich schon vor langer Zeit geschworen habe, niemals den Inhalt einer Sitzung preiszugeben. Für den Klienten werden die Sitzungen jeweils auf Band aufgenommen.

Es ist der Großzügigkeit einiger meiner Klienten zu verdanken, dass ihre Erfahrungen in ihren eigenen Worten in diesem Buch zur Sprache kommen. Ich finde, dass ein Medium nicht das geringste Recht hat, solche Details weiterzugeben.

Sobald wir uns mit der Vorstellung vertraut machen, dass es keinen Tod gibt und dass diese Tatsache immer und immer wieder bestätigt wird, können wir anfangen zu verstehen, was es mit unserem wahren Wesen für eine Bewandtnis hat. Wir können aufhören, die Zukunft zu fürchten, anfangen, in der Gegenwart zu leben und beginnen, zu verstehen, warum das Leben so viele Lektionen für uns bereithält. Warum verschwinden Menschen aus unserem Leben, obwohl wir sie doch so gerne bei uns gehabt hätten? Warum bekommen wir nicht alles, von dem wir meinen, dass es uns zusteht? Warum passieren Dinge, die schlicht ungerecht sind? Wenn wir auch nur einen Augenblick davon überzeugt sind, dass das Leben nach dem so genannten Tod weitergeht, verändert sich unsere Sichtweise völlig. Welche Bedeutung kann das für unsere Gedanken, Handlungen und Taten haben?

Es gibt Regeln und Gesetze im Leben, die nicht von Menschen gemacht sind. Es sind universelle Gesetze, die Gültigkeit haben, so sicher wie auf den Tag die Nacht folgt. Wenn wir diese Gesetze verstehen und mit ihnen arbeiten, wenn wir mit ihnen zusammenarbeiten statt gegen sie anzukämpfen, können wir unser Leben nach unseren Wünschen leben, nach unserer Wahl und so wie wir es verdienen. Wir können Frieden schließen mit allem, was in und um uns geschieht. Wie alle großen Wahrheiten sind diese Gesetze ganz einfach. Über Jahrhunderte hinweg hat die Menschheit versucht, diese Gesetze zu erklären. Oft wurden sie dadurch komplizierter gemacht, sei es aus Unwissenheit oder Angst oder aus purem Egoismus vieler Wissenschaftler, die zwar Beweise für diese Gesetze fanden, aber aufgrund ihres eingeschränkten Verständnisses nicht erläutern konnten, wie sie funktionieren. Ob man sich nun als Atheist, Jude, Muslime, Buddhist, Christ ansieht oder sonst einer Religion oder auch keiner, zugehörig fühlt, die Gesetze bleiben stets gleich. Wir alle sind ihnen unterstellt. Das bedeutet aber auch, dass wir viel mehr Gemeinsamkeiten haben, als uns manche Menschen glauben machen wollen!

Ich bin der festen Überzeugung, dass es an der Zeit ist, diese Gesetze zu verstehen und die Verantwortung für unser Leben in die eigenen Hände zu nehmen, damit das Leben auch in Zukunft eine Zukunft hat. Das Fortbestehen unserer Kulturen, unserer Glaubensrichtungen, unseres Planeten hängt davon ab. Um dazu imstande zu sein, müssen wir Bescheid wissen, wie diese universellen Gesetze funktionieren. Die vielen Straßen, Wege und Sackgassen, die ich in der Auseinandersetzung mit diesen universellen Gesetzen und auf der Suche nach der Antwort auf die älteste Frage des Menschen über das Leben nach dem Tod gegangen bin, haben mich zu dem Schluss kommen lassen: »WIR SIND UNSTERBLICH.«

Am Anfang allen Wissens steht die Entdeckung
von etwas zunächst Unverständlichem.
Frank Herbert

I. TEIL

Anderes Land, die immer gleiche Frage

Ob ich nun in Neuseeland bin oder in Europa, in den Vereinigten Staaten, in Indien oder in anderen Ländern, eine der ersten Fragen am Ende einer Sitzung ist meistens: »Wann haben Sie die Geistige Welt zum ersten Mal wahrgenommen? Wann haben Sie zum ersten Mal bemerkt, dass Sie mediale Fähigkeiten haben?« Ich kann Ihnen versichern, dass genau diese Frage den meisten Medien gestellt wird, darauf folgt unweigerlich eine weitere: »Warum gerade Sie?«

Wie die meisten Menschen kann ich mich nicht an allzu viele Einzelheiten in meiner Kindheit erinnern. Meine Familie erzählt von gewissen Dingen, die passierten, als ich klein war, aber ich habe überhaupt keine Erinnerung daran. Wenn ich aber gefragt werde, wann ich das erste Mal ein Geistwesen wahrgenommen habe, dann ist das Ereignis so frisch in meinem Gedächtnis, als ob es gestern oder vorgestern gewesen wäre.

Wir waren fünf Kinder in meiner Familie, und ich war der Jüngste. Meine Mutter war schon älter, als ich geboren wurde, und im London der fünfziger Jahre des vergangenen Jahrhunderts war es recht ungewöhnlich, mit beinahe vierzig noch ein Kind zu erwarten. Selbstverständlich wurde ich verhätschelt, und meine drei Schwestern und mein einziger Bruder waren alles andere als erfreut darüber, dass ihre Hackordnung durch diesen kleinen Eindringling über den Haufen geworfen wurde.

Unsere Familie war nicht reich, aus materieller Sicht waren wir in der Tat arm, aber es mangelte uns nicht an inniger Liebe und Zuneigung. Kein Geld zu haben, bedeutete neben anderen Mühseligkeiten, die Schlafzimmer zu teilen und von den Geschwistern abgetragene Kleider anziehen zu müssen. Weil meine Mutter fünf Kinder zu versorgen hatte, hieß das, dass an den Badeabenden die älteren Geschwister tatsächlich ein Bad nehmen konnten, während mich meine Mutter häufig im alten Steingut-Abwaschbecken in der Küche wusch. Ich war gerade fünf Jahre alt, als mich Mutter eines freitagabends wie gewohnt in der Küche gewaschen hatte. Plötzlich musste sie aus irgendeinem Grund an die Tür gehen und ließ mich allein, wahrscheinlich nicht länger als fünf Minuten. In diesen fünf Minuten jedoch veränderte sich mein Leben.

Ich saß in dem kleinen Plastikbecken, das Mutter in die Spüle gestellt hatte, und planschte in dem wenigen Wasser. Vor mir waren die Wasserhähne, ein wenig oberhalb davon war ein kleines Fenster, und draußen war es dunkel. Ich blickte zum Fenster hoch, als plötzlich das Gesicht eines Mannes auftauchte. Er lächelte, dann lachte er richtig und zeigte auf mich. Ich bekam Angst, fing an zu weinen und dann an zu schreien. Meine arme Mutter kam angerannt und versuchte, mich zu beruhigen;

unter Tränen konnte ich nur stammeln: »Der Mann, der Mann am Fenster hat mich angelacht.« Bevor Sie das Gefühl haben, dass da lediglich ein Neugieriger im Erdgeschoss einen Blick herein warf, sollte ich vielleicht erzählen, dass wir damals in einer Wohnung im fünften Stock wohnten, gute dreißig Meter über dem Erdboden! Obwohl meine Mutter versuchte, mich davon zu überzeugen, dass es keinen Mann am Fenster gab, hatten wir den Besucher nicht zum letzten Mal gesehen, denn er kam wieder und machte sich erneut bemerkbar.

Dieses Ereignis im Plastikbecken ist so lebendig in meiner Erinnerung, als ob es sich für immer in meinem Gedächtnis eingebrannt hat. Ich weiß nicht mehr, wie mein sechster und siebter Geburtstag gefeiert wurde. Es waren eindeutig glückliche Zeiten. Filme und Fotografien belegen das, und dennoch kann ich mich nicht an irgendwelche Einzelheiten erinnern. Aber wenn Sie mich fragen, was an jenem Abend passierte, als ich gerade mal fünf Jahre alt war, kann ich praktisch jeden Augenblick noch einmal durchleben, nur mit dem Unterschied, dass ich jetzt weiß, dass es nichts zu fürchten gibt.

Als ich dem geheimnisvollen lachenden Mann ein zweites Mal begegnete, war ich etwa acht Jahre alt, ein schüchternes Kind, das nicht leicht Kontakt zu anderen Kindern fand. Obwohl ich vier Geschwister hatte, verbrachte ich viel Zeit für mich allein. Alte Familienfotos und Dokumente, die Mutter in, wie wir ihn nannten, »Mamas ägyptischem Sack« aufbewahrte, zogen mich magisch an. Dieser Sack war ein Geschenk meines Vaters, das er aus der Zeit seines Militäreinsatzes während des zweiten Weltkrieges mitgebracht hatte. Er war voll von Geburts- und Sterbeurkunden, Todesanzeigen und persönlichen Briefen. Neben den Fotographien in Mutters kostbarem Sack gab es auch ein Fotoalbum. Mein Vater wurde 1918 geboren und meine Mutter im darauf folgenden Jahr, so dass viele der wunderbaren Fotos und Dokumente, die von Generation zu Generation weitergereicht wurden, tatsächlich aus viktorianischer Zeit stammten. Und Mutter bewahrte alles auf. Obwohl sie nicht verstehen konnte, was mich an diesen alten Fotos so faszinierte, ließ sie mich stets ganz geduldig das ganze Album »noch ein einziges Mal« anschauen. So manche Stunde verbrachte ich damit, die Seiten umzublättern und Bilder anzuschauen, die zumeist Leute zeigten, die ich gar nicht kannte.

Eines Tages stieß ich auf eine Fotographie, die hinter einer anderen eingesteckt war. Sie fiel heraus, als ich umblätterte, und da war es, das Gesicht, das ich am Fenster gesehen hatte und schaute mich an. Ich kann es nicht erklären, ich wusste einfach, dass ich dieses Gesicht schon einmal gesehen hatte. Gleichzeitig tauchte als Rückblende ganz klar die Erinnerung auf, als ich im Spülbecken saß und weinte. Es fühlte sich an, als wenn das ganze Ereignis noch einmal lebendig werden würde, nur dass ich dieses Mal keine Angst hatte, sondern neugierig war. Wer war dieser Mann? Ich ging in die Küche, wo Mutter gerade das Abendbrot vorbereitete. »Mutter, dieser Mann, erinnerst du dich an den Mann, den ich am Fenster gesehen habe? Das ist er.« Meine Mutter warf einen Blick auf das Foto, und ich sah, wie alle Farbe aus ihrem Gesicht wich. Sie nahm mir das Foto aus der Hand und schickte mich zurück ins Wohnzimmer. Kurze Zeit später kam sie, um mit mir zu reden. Ich sah, dass sie geweint hatte. Und ich war überzeugt, dass ich in Schwierigkeiten war. Mutter sagte, dass ich diesen Mann unmöglich gesehen haben konnte und dass ich niemals wieder zu irgendjemandem davon sprechen sollte. Ich wehrte mich: »Mutter, ich habe ihn gesehen, ich kenne ihn, aber ich weiß nicht wie und wann ich mit ihm zu tun hatte.« Voller Verzweiflung erklärte mir meine Mutter, dass das Foto ihren Bruder zeigte, den sie sehr geliebt hatte und der vor einigen Jahren auf tragische Weise ums Leben gekommen war. Ich hatte ihn nie zuvor gesehen, und sie ermahnte mich eindringlich, niemals zu sagen, ich hätte ihn gesehen. »Schließlich und endlich«, warnte sie mich, »werden Leute in Verwahrung genommen, die so daherreden.«

Niemand kann meiner Mutter einen Vorwurf machen, dass sie so reagierte. Sie wurde mit etwas konfrontiert, das sie nicht verstand und nicht verstehen konnte. Sie war eine abergläubische Frau, die niemals unter einer Leiter durchging, die dafür sorgte, dass ihr nie eine schwarze Katze über den Weg lief und die immer Salz über ihre linke Schulter warf, wenn irgendwo in der Wohnung Salz verschüttet wurde. Wenn nun das Lieblingskind erzählte, dass es den toten Bruder gesehen hatte, musste das für sie eine beängstigende und verwirrende Erfahrung gewesen sein, obwohl Derartiges eigentlich nichts Neues in unserer Familie war. Mein sieben Jahre älterer Bruder erzählte mir Jahre später, als ich schon als professionelles Medium arbeitete, dass er als Teenager

Geistwesen wahrgenommen hatte. Während meiner Kinder- und Jugendzeit sahen mehrere Kinder in unserer Wohngegend »Gespenster«, und das war für den örtlichen Priester Grund genug, zu kommen und unsere Wohnungen zu segnen. Von da an sprach Mutter kein Wort mehr darüber. Im Laufe der Jahre gelang es mir, ihr einige Antworten über diesen bis dahin unbekannten Mann zu entlocken: »Wie hat dein Bruder geheißen?« »Ernie«, gab sie zur Antwort. »Woran ist er gestorben?« »Krebs«, erwiderte sie, wurde augenblicklich nervös und wechselte das Thema.

Abgesehen von diesen beiden prägenden Erlebnissen im Alter von fünf und acht Jahren, passierte während meiner Kindheit nichts wirklich Außergewöhnliches, mit Ausnahme meiner unheimlichen Fähigkeit zu wissen, wann jemand sterben würde. Obwohl ich mir zum damaligen Zeitpunkt nicht bewusst war, konnte ich die Aura wahrnehmen – und lesen. Manchmal rutschte es mir einfach heraus und ich sagte zu Mutter: »Frau Soundso oder Herr X werden nicht mehr lange da sein.« Meine Mutter war jedes Mal schockiert und schimpfte, dass ich so etwas Schlimmes sagte. In meinen Augen war es keineswegs schlimm, da ich wusste, dass ich nichts mit ihrem Tod zu tun hatte. Es war vielmehr so, dass ich einfach bemerkte, dass die sprühenden Farben, die Aura, die ich um die meisten Leute herum wahrnahm, bei ihnen nicht vorhanden war; der Nebel lagerte ganz dicht an ihrem Körper und hatte eine bräunliche, leblose Farbe. Ich wusste wohl ganz instinktiv, dass das bedeutete, dass ihre Zeit abgelaufen war. Nur selten waren diese Vorhersagen falsch.

Ich habe mich immer, schon von klein auf, für Religion – alle Formen von Religion – interessiert. Als meine Geschwister und ich noch klein waren, schickten uns meine Eltern in die Sonntagsschule. Zuerst besuchten wir die Sonntagsschule in der Marienkirche (Church of England) in Islington, London, wo ich mit Begeisterung Geschichten aus der Bibel hörte und vielen Tagträumen nachhing. Dann entdeckte jemand, dass die örtliche Baptistenkirche einen Jugendklub unterhielt, bei dem es gratis Orangensaft und Kekse gab. Überflüssig zu sagen, dass wir ganz schnell zu dieser Schule wechselten. Allerdings musste man, bevor man den Saft erhielt, alle Gebete und Lektionen wiederholen, die sie einem beigebracht hatten. Ich kann mich erinnern, dass mir im Alter von etwa neun Jahren ein Drache von einer alten Dame diese Gratisgaben verweigerte, weil ich einen neuen Freund mitgebracht hatte. Ich hatte ihm erzählt – ja versprochen – dass er Saft und Kekse bekommen würde! Als die Drachendame sich mit ihm unterhielt und herausfand, dass er katholisch war, sagte sie: »Solche Leute haben wir nicht hier bei uns.« Schon damals konnte ich nicht verstehen, warum manche Menschen so engstirnige religiöse Ansichten hatten. Da sprach sie zu uns von brüderlicher Liebe, um andererseits meinen neuen Freund fortzuschicken. Aber sie blieb hart in diesem Punkt, auch ich bekam keine Leckereien mehr, dafür die Ermahnung nur mit »meinesgleichen« Freundschaft zu schließen. Wir verließen die Baptistenkirche, aber erst nachdem wir ausgiebig und vergnügt im Taufbecken herumgetollt hatten!

Unser Augenmerk richtete sich als Nächstes auf die Kirche der Heilsarmee. Ich liebte die Musik, und meine Eltern erklärten, dass die Heilsarmee vielen Leuten Gutes tat, aber es gab auch dort so viele Regeln zu befolgen! Man durfte nur jemanden heiraten, der auch bei der Heilsarmee war. Ich habe keine Ahnung, warum mir das im Alter von zehn Jahren Kopfzerbrechen bereitete. Was sich aber deutlich abzeichnete war, dass ich mich im religiösen Bereich wohl zu einer Art Rebell entwickelte.

Als ich zwölf Jahre alt war, heiratete meine älteste Schwester. Ihr Mann war Jude, und sie musste zum Judentum konvertieren, damit sie ihn heiraten durfte. Das verursachte jede Menge Probleme, da meine Mutter sich weigerte, in eine Synagoge zu gehen, während sich die Mutter meines Schwagers widersetzte, in eine Kirche zu gehen. Meine Schwester und ihr Mann einigten sich auf einen Kompromiss. Sie ließen sich zuerst standesamtlich trauen und heirateten zu einem späteren Zeitpunkt in der Synagoge.

Im Alter von fünfzehn Jahren hatte ich somit bereits einige Religionen kennen gelernt. Außer dem Judentum, das ich von meiner Schwester her kannte, hatte ich in den späten Sechzigern und frühen Siebzigern mit dem Buddhismus geliebäugelt, dank einem Freund, dessen Eltern völlig abgefahrene Hippies waren. Aber ich hatte genug erfahren, um festzustellen, dass es in allen Religionen Gutes und Schlechtes gab. Jede hatte gewiss ihre Verdienste, und doch schien jede durch irgendwelche Regeln und Vorurteile eingeschränkt.

Damals war mir das nicht bewusst, aber heute glaube ich, dass die Geistige Welt mich führte und mich einem Schnellkurs unterzog, der mich in viele verschiedene Religionen einführte. Ich wurde nicht irgendwohin gezwungen, ich folgte einfach meiner natürlichen Neugierde. Ich wollte mehr wissen, und kaum hatte ich diesen Gedanken ausgeschickt, beeilte sich die Geistige Welt auch schon, meine Fragen zu beantworten.

Warum ich? Warum war mir diese mediale Fähigkeit gegeben? Obwohl ich glaube, dass jeder Mann und jede Frau bis zu einem gewissen Grad medial ist, bringen doch manche Menschen eine natürliche Anlage mit, die weiterentwickelt werden kann. Werden Medien mit dieser Gabe geboren? Ich glaube schon. Wie die meisten Menschen schwimmen können, zu einem Champion aber nur derjenige wird, der auch übt, so werden Medien geboren, und es bleibt jedem Einzelnen überlassen, sich weiter zu entwickeln und es zu wagen, jene Fragen zu stellen, die die Menschheit von Anbeginn an beschäftigt haben. Es war mein großes Glück, dass ich den Mut hatte, diese Fragen zu stellen.

Ich war sechzehn, als ich meinem guten Freund und Mentor Peter Close vorgestellt wurde, der mir den Weg weisen sollte, mich selbst zu entdecken. Auf diese Art erfüllte mir die Geistige Welt meine Bitte.

Phantastische Wahrheit oder gemeine Lüge?

Bittet, so wird euch gegeben; suchet, so werdet ihr finden;
klopfet an, so wird euch aufgetan!
Matthäus 7,7[2]

Peter Close ist ein außergewöhnlicher Mann. Er war ein Freund meiner Familie, aber als ich ihn zum ersten Mal bewusst wahrnahm, hatte er bereits zwanzig Dienstjahre als Polizeisergeant in England hinter sich. Peter ist im Norden von England auf die Welt gekommen. Sein Bruder war Kapitän des englischen Cricket Teams. Seine Mutter, Esther (für mich war sie stets Mrs. Close), war eine wunderbare, liebevolle Person und, wie ich bald herausfinden sollte, auch eine Heilerin, die viel Erfahrung mit einer Gruppe hatte, die sich Spiritualisten nannte. Meine Mutter und ich besuchten Peter 1973 in seiner neuen Wohnung an der Kings Road in Chelsea, damals ein sehr schickes Viertel. Während dieses Besuchs erzählte Peter, wie viel Trost er durch die Teilnahme an den Treffen dieser »Spiritualisten« gefunden hatte. Obwohl ich keine näheren Einzelheiten kannte, hatte Peter offenbar in einer Beziehung eine sehr traumatische Erfahrung gemacht, und die Spiritualisten hatten ihm irgendwie geholfen. Erst Jahre später vertraute er mir an, dass er da-

2. Die Bibelzitate wurden der Lutherbibel 1984 (bzw. einer Neuauflage in neuer Rechtschreibung), herausgegeben von der Deutschen Bibelgesellschaft, entnommen.

mals ganz nahe am Rande eines völligen Zusammenbruchs gestanden hatte.

Im Verlauf dieses Besuchs blickte ich zu Peter auf während er sprach und sah, dass seine Blicke im großen Wohnzimmer umherstreiften, als ob er etwas beobachtete, das für meine Mutter und mich unsichtbar war. Nachdem wir uns etwa eine Stunde unterhalten hatten, war ich müde, vielleicht auch gelangweilt, meine Gedanken schweiften ab. Plötzlich hörte ich meinen Namen und just bevor ich meine Aufmerksamkeit wieder auf die Unterhaltung richtete, sah ich eine Katze, die aus dem Zimmer spazierte. »Ich habe nicht gewusst, dass Sie eine Katze haben«, sagte ich. »Ich liebe Tiere.« Diese Bemerkung genügte, um meine abergläubische Mutter in Aufregung zu versetzen. »Eine Katze, hoffentlich keine schwarze Katze, oder? Ich habe nichts für Katzen übrig!«, stammelte sie. Peter murmelte als Entschuldigung etwas von einer Nachbarskatze – keine schwarze, wohlgemerkt – die hereingekommen, aber jetzt verschwunden war. Etwa ein Jahr später verriet mir Peter, dass er und auch seine Nachbarn nie eine Katze gehabt hätten. Es war in diesen Wohnungen nicht erlaubt, Katzen zu halten. Und dennoch hatte er sie so deutlich gesehen wie ich. Wir notierten beide, jeder für sich, eine Beschreibung der Katze, wie wir sie jetzt, nach einem Jahr, in Erinnerung hatten, ohne je über irgendwelche Details gesprochen zu haben. Unsere beiden Beschreibungen waren identisch.

Was ich damals noch nicht wusste, war, dass Peter, zusätzlich zu seiner Teilnahme an spiritualistischen Versammlungen auch in einem Entwicklungszirkel saß, um die Entwicklung seiner medialen Fähigkeiten zu fördern. Er hatte um ein Zeichen, irgendein Zeichen gebeten, das ihm zeigte, dass sich seine Hellsichtigkeit entwickelte. Auch liebte er Tiere, ganz besonders Katzen. Der Anblick der mysteriösen Katze an jenem Tag, der von jemandem bestätigt wurde, der von allen diesen Dingen keine Ahnung hatte, gab ihm enormen Auftrieb. Ich dagegen hielt dieses Gerede über Geistwesen und dass die Verstorbenen kommunizierten immer noch für Unsinn. Wenn man tot ist, ist man tot, nicht wahr? Aber der religiöse Rebell in mir war auch neugierig. Ich war davon überzeugt, dass ich nur an einer dieser spiritualistischen Versammlungen teilnehmen müsste, um herauszufinden, wie der Hase lief; wie sie es fertigbrachten, die Leute zu überzeugen, dass sie mit Verstorbenen kommunizierten.

Zunächst war ich der Ansicht, dass die Spiritualisten unglaublich gemein seien, dass sie die Leute aushorchten und ihnen falsche Hoffnungen machten. Wie tief konnte man denn noch sinken? Die Schwierigkeit für mich aber war, überhaupt an einer dieser Versammlungen teilnehmen zu können. Da ich erst sechzehn war, bat ich meine Mutter, mich zu begleiten. Aber ihre Antwort war lediglich: »Kommt nicht in Frage.« Peter versprach mir, mich mitzunehmen, wenn ich ein bisschen älter wäre. Je mehr die Leute versuchten, mich davon abzubringen, desto größer wurde mein Wunsch daran teilzunehmen. Ich bin sicher, dass ich damals drauf und dran war, mich als potentiellen Helden zu sehen. Ich wollte diese Medien entlarven, ihren Betrügereien ein Ende setzen. Die Leute würden mir dankbar sein, dass ich sie vor schmerzlichen Täuschungen bewahrte. Dazu musste ich nur eines dieser »Medien« bei der Arbeit sehen, und schon würde ich imstande sein, es zu entlarven, ohne Probleme – Fall erledigt.

Ich fand heraus, dass Peter seinen Zirkel dienstagabends in London besuchte, an einem Ort, der SAGB, Spiritualist Association of Great Britain (Spiritualistische Vereinigung von Großbritannien) hieß. Wenn ich Chelsea, die Gegend, in der Peter wohnte, als »schick« beschrieben habe, dann kann ich nur sagen, dass Belgrave Square einfach phantastisch war! Nur einen Steinwurf vom Buckingham Palast entfernt, in einer Gegend, in der viele Länder ihre Botschaften unterhielten, stand am Belgrave Square das sehr imposante Gebäude der SAGB. Nachdem Peter abgelehnt hatte, mich in eine Veranstaltung mitzunehmen, erkundigte ich mich, ob ich an einem Dienstagabend mitkommen dürfte, um einfach nur die Bücher anzuschauen, die dort zum Verkauf angeboten wurden. Vielleicht würde ich ja etwas finden, das mir helfen könnte, Antworten auf einige meiner Fragen zu erhalten. Peter erklärte sich einverstanden und meinte, dass sein Zirkel etwa eineinhalb Stunden dauern würde und dass ich entweder beim Bücherstand oder im Café im Untergeschoss auf ihn warten könnte. Die meisten Leute, die damals die SAGB besuchten, trafen sich vor den Vorträgen und Gruppen im Café. Ich ging also mit Peter und seiner Gruppe auf eine Tasse Tee, bevor sich die Gruppe zu ihrem Treffpunkt begab.

Ein Blick ins Café bestätigte mir, dass ich Recht hatte. Diese Spiritualisten waren nicht nur ganz klar verrückt, diese Verrücktheit war offenbar eine Folge des Alters, da das Durchschnittsalter der dreißig oder mehr Leute, die hier saßen, über 65 Jahren zu liegen schien. Es war ein bunt gemischtes Völkchen, das sich dort tummelte und plauderte. Es machte mir großen Spaß, ihre Gespräche zu belauschen und meinen ersten Eindruck bestätigt zu finden, dass sie alle »trist, verrückt und leicht hinters Licht zu führen« waren.

»Meine Liebe«, sagte gerade eine ältere Dame mit violett getöntem Haar zu einer anderen sehr eleganten Dame mit riesigen Diamantohrringen, »ich habe Mrs. Leonard mehrmals gesehen, einfach phantastisch. Oliver Lodge hat diese Treffen für mich arrangiert.«

»Vor nicht allzu langer Zeit hatte ich eine großartige Sitzung bei Ena Twigg«, gab die Diamantendame zur Antwort.

»Habe einige bemerkenswerte Beweise von diesem Amerikaner, Arthur Ford, bekommen, als ich ihn in den fünfziger Jahren aufsuchte, hat mir Dinge erzählt, die nur ich wissen konnte, Militärangelegenheiten, hochgeheim, wissen Sie«, sagte gerade ein älterer Mann und drückte den Finger verschwörerisch an seine Nase. Über eine halbe Stunde lang lauschte ich diesen Gesprächen, und allmählich fiel mir auf, dass keiner dieser Leute wirklich traurig aussah. Sie wirkten alle angeregt und glücklich.

Allmählich wurde selbst mir klar, dass diese Leute keine Spinner waren. Sie unterhielten sich auf eine gebildete, intelligente Art und Weise. Sie schienen genau zu wissen, worüber sie sprachen.

Kurz darauf fragte ein Mann, ob er sich zu mir an den Tisch setzen dürfe, und wir unterhielten uns. Er wollte wissen, was ich hier mache. Ich erklärte ihm, dass ich eigentlich zu einer öffentlichen Veranstaltung mit einem Medium gehen wollte, aber nicht durfte, und ich mir deshalb verschiedene Bücher ansah. Er erzählte mir, dass er und seine Frau Eintrittskarten für die Veranstaltung hätten, dass sich seine Frau aber in letzter Minute entschieden hätte, nicht zu gehen. Er schien etwas unglücklich, erklärte aber nicht, warum er hier war, er sagte lediglich, dass seine Frau und er »wegen etwas traurig waren«, worüber er sich offenbar nicht weiter auslassen wollte. Er bot mir die Karte seiner Frau an, aber ich lehnte dankend ab, da ich in Kürze mit einem Freund beim Bücherstand verabredet sei. Ich hatte nicht den Mut, ihm den wahren Grund zu sagen – dass ich nämlich kein Geld für die Eintrittskarte hatte! Er war schon am gehen, als er plötzlich meinte: »Wissen Sie was, ich lasse die Karte hier, für den Fall, dass Sie es sich doch noch anders überlegen. Wenn nicht, vielleicht hat jemand anders Verwendung dafür, aber die Veranstaltung beginnt in zehn Minuten. Man sollte nie eine Gelegenheit verpassen, junger Mann«, sagte er noch und verließ das Café.

Nun, ich hatte mit allen Fasern meines Herzens in diese Veranstaltung gehen wollen, und ich war getrieben von der Überzeugung, dass ich den Tricks dieser Leute auf die Spur kommen würde, und jetzt bot sich mir die Gelegenheit. Mein Herz schlug mir bis zum Hals, als ich die Treppen zum Versammlungsort hinaufstieg. Was machte ich da eigentlich? Ich hatte ja keinen blassen Schimmer, was bei solchen Anlässen passierte! Kurz überlegte ich mir, dass ich nur rasch einen Blick in den Raum werfen wollte, in dem die Veranstaltung stattfand, dann würde ich umkehren und nach Hause gehen. Der Saal lag im ersten Stock des Gebäudes und hieß Oliver Lodge Saal, wie der Name, den ich schon unten im Café gehört hatte. Das muss jemand Bedeutendes gewesen sein, dachte ich.

Aber als ich den Saal betrat, die meisten Plätze waren bereits besetzt, liefen meine Füße von selbst weiter. Mehr als achtzig Personen saßen im Raum. Man bat mich, auf einem der leeren Stühle ganz hinten im Saal Platz zu nehmen. Das war für mich in Ordnung, denn von dort aus konnte ich die Geschehnisse immer noch bestens überblicken. Ich wurde langsam nervös in Erwartung der Dinge, die da auf mich zukommen sollten. Würde es ähnlich den dümmlichen Fernsehsendungen sein, die ich über Medien gesehen hatte? Würde wohl eine ältere Dame mit einem lächerlichen Turban und einer Kristallkugel an einem Tischchen sitzen und immer wieder fragen: »Ist irgendjemand da?« Ich hatte wirklich keine Ahnung, was mich erwartete. Ich dachte einfach, dass ich jeden Betrug oder Schwindel durchschauen würde.

Die erste Person, die sich auf dem Podium am anderen Ende des Saals erhob, stellte sich als Moderatorin vor. Sie erklärte, dass es ihre Aufgabe sei, das Medium vorzustellen und uns allen zu versichern, dass wir nichts zu befürchten hätten und dass wir, sollte das Medium jemanden im Publikum ansprechen, lediglich mit einem freundlichen und klaren Ja oder Nein antworten sollten, ohne irgendwelche weiteren Informationen zu geben.

Dann verkündete sie mit einem Tonfall, der für den Stapellauf eines großen Kreuzfahrtschiffes angemessen gewesen wäre: »Ich freue mich sehr, Ihnen das Medium des heutigen Abends vorstellen zu dürfen, Mrs. Gaye Muir.« Ich war überrascht. Die Frau, die aufstand, sah gar nicht merkwürdig aus. Mrs. Muir lächelte alle an und forderte uns auf, mit ihr zu beten. Nach einem kurzen Gebet begann Mrs. Muir ihre, wie sie es nannte, Demonstration hellsichtiger Arbeit. Ich kann mich nicht an alles erinnern, aber ich weiß noch, dass sie sich an mehrere ältere Damen wandte und ihnen sagte, dass ihre Ehemänner oder Mütter da waren. Sie lieferte viele Einzelheiten, Namen, Daten und Orte, die die meisten der Angesprochenen mit einem freudigen Nicken des Kopfes und einem Ja akzeptierten.

Skeptisch wie ich war, um nicht zu sagen zynisch, überlegte ich: »Die meisten dieser Damen sind über siebzig, und die Wahrscheinlichkeit, dass ihre Mütter gestorben sind, ist groß und dass viel mehr Frauen als Männer anwesend sind, zeigt doch eigentlich, warum sie hier sind – sie sind verwitwet und suchen männliche Gesellschaft.« Oh ja, ich begann zu verstehen, was vor sich ging, man wählte eine ältere Dame aus, sagte, dass eine ältere Frau oder ein älterer Mann von ihrer oder seiner Liebe zu ihr sprach und ließ das Opfer alle Antworten auf die Fragen geben. Als ich genau zuhörte, fiel mir allerdings auf, dass das Medium immer nur Aussagen machte, aber niemals irgendwelche Fragen stellte. »Ihr Mann ist an einer Hirnblutung gestorben?« Die Dame antwortete mit Ja. »Er sagt, ich soll von Juli sprechen.« »Ja, der 18. Juli, unser

Hochzeitstag«, kam die Antwort unter Tränen. Und so ging es weiter. Da das Medium stets nur Feststellungen machte und keine Fragen stellte, dachte ich, dass alle die Leute, die das Medium ansprach, eingeschmuggelt waren und mit dem Medium zusammenarbeiteten. Wenn sie mir doch nur eine Botschaft gäbe, dann würde ich es genau wissen. Etwas in mir wollte unbedingt, dass das Medium mich ansprach. Mehrfach, während das Medium eine Botschaft beendete und noch nicht mit einer neuen angefangen hatte, war ich überzeugt, dass sie mich ansprechen würde. Jedes Mal bekam ich Herzklopfen, wünschte sehnlichst, dass sie mir eine Botschaft gab, doch gleichzeitig verkroch ich mich jedes Mal tiefer in meinen Sessel und hoffte, dass der Kelch an mir vorüberging. Ich fing an zu schwitzen, aus Vorfreude, Anspannung, vielleicht auch Angst?

Viel zu früh verkündete die Moderatorin, dass die Zeit um sei. Mrs. Muir nahm Platz. Obwohl ich etwa ein Dutzend Botschaften gehört hatte, die von Verstorbenen stammten, hatte ich nichts gehört, das mich wirklich überzeugt hatte. Andererseits hatte ich aber auch nichts gehört, dass mir eindeutig bewiesen hätte, dass das Medium eine Schwindlerin war. Just in dem Moment, als die Moderatorin uns aufforderte, Mrs. Muir mit Applaus zu danken, stand das Medium auf, hob die Hand und sagte: »Bitte entschuldigen Sie, meine Damen und Herren, normalerweise mache ich das nicht, aber ich habe eine kurze, jedoch wichtige Botschaft für den jungen Mann ganz hinten im Saal.« »Oh Erde, öffne dich und verschlinge mich«, dachte ich!

Mrs. Muir ging langsam auf mich zu und erklärte, dass sie, um ehrlich zu sein, nicht genau verstand, was sie mir sagen sollte und dass sie hoffte, ich würde meine Familie fragen, falls ich mit der Botschaft nichts anfangen könnte. »Ich habe einen Mann hier. Er sagt, er sei Ihr Onkel. Sein Name ist Ernst oder Ernie, und alles, was er zu sagen hat, ist, es tue ihm leid, dass er Sie erschreckt hat, als Sie kleiner waren. Dieser Mann hat sich das Leben genommen, Sie werden das nachfragen können, und mit der Zeit werden Sie vielen Leuten helfen, deren Angehörige Selbstmord begangen haben. Er wird Ihnen helfen.« Es folgten einige Worte darüber, dass dies nicht die übliche Art für eine Botschaft sei, aber sie müsste »weitergeben, was sie erhalten hatte«.

Die Versammlung war zu Ende, und mein Kopf drehte sich. Wie konnte sie von meinem Onkel wissen? Woher wusste sie seinen Namen? Und dass er mich erschreckt hatte, als er vor dem Küchenfenster erschien? Etwas jedoch, das sie gesagt hatte, war unrichtig, sagte ich mir. Meine Mutter hatte mir erzählt, dass mein Onkel an Krebs verstorben war, während das Medium gesagt hatte, er hätte sich das Leben genommen. Ich war der festen Überzeugung, wenn sich wirklich mein Onkel gemeldet hätte, dann hätte sie auch gewusst, woran er gestorben war.

Wie im Traum ging ich die Treppen hinunter und kam erst wieder zu Bewusstsein, als ich Peter Close sah, der ungeduldig hin und her ging und auf mich wartete. Peter und seine Gruppe wollten wissen, wo ich gewesen war. Ich erzählte ihnen von dem Mann im Café, der mir die Eintrittskarte für die Veranstaltung gegeben hatte. Dann berichtete ich ihnen, was sich ereignet hatte, da waren alle einhellig der Meinung, dass wir warten und mit dem Herrn sprechen sollten. Sicher würden wir ihn sehen, wenn er die Treppen herunterkam und das Gebäude verließ. Sie wollten ihm »danken, et cetera«. Ich wollte ihm auch danken, machte mir aber ebenso Gedanken wegen des »et cetera«. Wir warteten und warteten bis alle gegangen waren, und obwohl es nur einen Ausgang zum Belgrave Square gab, sahen wir ihn nicht mehr. Tatsächlich war ich nach dieser schicksalhaften Nacht lange Jahre als Student und später als Lehrer am Belgrave Square tätig, doch den Mann habe ich nie mehr wiedergesehen.

Nach jeder Gruppensitzung setzten sich Peter und seine Gruppe noch in ein Café und besprachen, was sich in der Sitzung alles ereignet hatte. An diesem Abend luden sie mich ein, mitzukommen, da sie alle neugierig waren, genauer von meinem Erlebnis zu hören. Ich berichtete ausführlich – vor allem auch über die spezielle Botschaft am Schluss – und alle schienen sich ehrlich für mich zu freuen. Ich konnte allerdings nicht verstehen, was so spannend daran sein sollte. Schließlich hatte sich das Medium in einem Punkt total geirrt. Mein Onkel hatte sich nicht das Leben genommen, er war an Krebs gestorben. Aber jeder hatte seine eigene Ansicht über diese Ungenauigkeit. »Ein Medium kann sich manchmal irren«, sagte einer. »Vielleicht hat das Medium die Befindlichkeit von jemand anderem wahrgenommen«, sagte ein anderer. Ihre Überlegungen überzeugten mich nicht; aber ich hatte zu diesem Zeitpunkt keine Vorstellung davon, mit welch feinen Schwingungen Medien arbeiten. Ich hatte nicht einmal den blassesten Schimmer, ob sich ein Medium irren konnte oder nicht. Meine Gedanken kreisten immer wieder um das Gleiche: Wenn sich tatsächlich ein Verstorbener meldete, dann konnte es doch nicht sein, dass er etwas Verkehrtes sagte. Aber wer weiß, vielleicht hatte ich noch nicht alles über meinen Onkel erfahren. Während wir später zum Bus gingen, sagte Peter: »Gibt es irgendjemanden, den du wegen dieses Onkels fragen könntest?«

Ich wollte die Aussage meiner Mutter nicht hinterfragen, aber vielleicht sollte ich das ja doch tun, überlegte ich. Hinter dem Rücken meiner Mutter wollte ich nichts machen, deshalb brachte ich verschiedentlich, wenn meine Eltern zu Hause saßen, das Gespräch auf meinen Besuch der spiritualistischen Versammlung. Meine Mutter verdrehte dabei jedes Mal, die Augen und murmelte vor sich hin: »Warum kannst du nicht normale Sachen machen, statt dich mit Geisterjägern ›herumzutreiben‹!« Mein Vater sagte dagegen oft: »Lass ihn doch darüber reden, wenn er das gerne möchte.«

An einem dieser Abende erwähnte ich, was Mrs. Muir über meinen Onkel gesagt hatte. Als Schlussfolgerung davon, erklärte ich ihnen: »Aufgrund der Tatsache, dass sich das Medium in einem wesentlichen Punkt geirrt hat, muss es sich eindeutig um eine Art Täuschung handeln. Daher kann ich nichts Wahres im Spiritualismus finden. Es ist wohl an der Zeit, sich nach neuen Ufern umzusehen.«

Stille breitete sich aus im Raum. Bevor meine Mutter auch nur sagen konnte »Gut so«, meinte mein Vater leise: »Sag ihm die Wahrheit, Vi, er sollte sie wissen.«

Meine Mutter, die den wunderbaren Namen Violet Phoebe D'Arcy trug (mein Vater nannte sie Vi), saß am Tisch in der guten Stube und erzählte unruhig die Geschichte, die sie so lange verschwiegen hatte. Ihr Bruder Ernest, »Ernie« wie er genannt wurde, war ein erfolgreicher Geschäftsmann, dem es gelungen war, mehrere Zeitungsläden aufzukaufen. Aber in seinem Privatleben musste er viel Leid erfahren. Das verkraftete er nicht. Er hatte sich tatsächlich das Leben genommen. Ich war total aufgewühlt. In der damaligen Zeit waren derartige Handlungen so sehr geächtet, dass es meiner Mutter und auch anderen Familienangehörigen leichter fiel zu sagen, er sei an Krebs gestorben, als sich der damals üblichen Hetzerei auszusetzen, indem sie offen zugaben, dass »er freiwillig aus der Welt gegangen war«.

Als ich den tiefen Schmerz meiner Mutter sah, gleichzeitig aber auch spürte, wie sehr das Reden darüber eine längst fällige Erleichterung brachte, beschloss ich auf der Stelle, niemals im Leben jemanden zu verurteilen, der zu einer solchen Verzweiflungstat getrieben worden war. Darüber hinaus war ich fest entschlossen herauszufinden, was mit den Selbstmördern geschah, sobald sie auf der anderen Seite waren. Ich wusste schon, was die verschiedenen Religionen zu solchen Handlungen zu sagen hatten – und vieles davon war nicht gut. Jetzt wurde mir, dank der Bestätigung meiner Mutter, klar, dass das Medium Mrs. Muir eine Botschaft übermittelt hatte, deren

Inhalt sie in keinster Weise wissen konnte. Mrs. Muir musste wirklich in Kontakt mit meinem Onkel Ernie gewesen sein. Ich wollte noch mehr darüber erfahren. War das eine phantastische Wahrheit?

Wo fängt man an, an wen wendet man sich, wenn man zwar weiß, was man machen möchte, aber keine Ahnung hat, wie vorzugehen? Ich brannte darauf, mehr über Mrs. Muir und ihre medialen Fähigkeiten zu erfahren, aber meine Eltern waren zu recht besorgt – schließlich war ich doch erst sechzehn! Da beide Peter Close kannten und ihm vertrauten, suchten sie bei ihm Rat und Hilfe. Peter gelang es, ihnen zu versichern, dass ich gut aufgehoben wäre, und dass die Spiritualisten ehrliche Leute waren, die nicht versuchten, jemanden hereinzulegen oder einer Gehirnwäsche zu unterziehen. Er meinte auch, dass es gut wäre, wenn ich Mrs. Muir kennenlernte. Er wusste, dass sie einen Zirkel leitete und dass sie mir, als unterrichtendes Medium, vielleicht die nötige Unterstützung geben könnte. Er vereinbarte für die darauf folgende Woche ein Treffen für mich mit Mrs. Muir.

Öffne die Augen mein[3]

Wenn der Schüler bereit ist,
wird der Lehrer da sein.
Buddha

Mein erstes Zusammentreffen mit Gaye Muir war wirklich ein Vergnügen. Endlich hatte ich jemanden gefunden, der augenscheinlich verstand, was ich erlebt hatte.

Es fiel mir leicht, von meinen Erfahrungen in früheren Jahren zu erzählen. Sie schien auch ehrlich überrascht, als ich ihr erzählte, wie ich zu meiner ersten Versammlung kam, und noch mehr erstaunt, als ich ihr berichtete, welch wichtige Information sie mir gegeben hatte. Gaye dachte eine Weile darüber nach. Es schien, als ob sie sich alles noch einmal durch den Kopf gehen ließ oder einen inneren Dialog führte. Schließlich sagte sie: »Sie können an meinem Zirkel teilnehmen, wenn Sie möchten. Sie haben das Zeug dazu, ein guter Repräsentant für die Geistige Welt zu werden. Kommen Sie nächste Woche um 19.30 Uhr.«

Ich konnte nicht glauben, was sie gesagt hatte. Ich hatte keine Ahnung, was in der Gruppe auf mich zukommen würde. Ich wollte doch nur herausfinden, ob es stimmte, dass Leute, die starben, in irgendeiner Form weiterlebten

3. »Open my eyes that I may see …« ist der Anfang eines Liedes, das oft in spiritualistischen Kirchen gesungen wird, bevor das Medium mit den Jenseitskontakten für die Gemeinde beginnt. A. d. Ü.

und dass sie tatsächlich kommunizieren konnten. Und natürlich tauchten, sobald ich die eine Antwort bekommen hatte, noch viele andere Fragen auf. Die Frage, was mit uns nach unserem physischen Tod geschieht, ist schließlich etwas, das sich jedermann fragt! Anscheinend war die einzige Möglichkeit, diese Dinge besser zu begreifen, an dem, wie Gaye Muir ihn nannte »Entwicklungszirkel« teilzunehmen. In der darauffolgenden Woche fand ich mich am Belgrave Square 33 ein, in der Erwartung, die große Offenbarung zu erleben: Ich ging davon aus, dass man einmal in die Gruppe ging und gleich alle Antworten erhielt; dass eine Stunde genügte, um alle Fragen über Leben, Tod und die andere Seite umfangreich und vollständig beantwortet zu erhalten. Heute kann ich über so viel Naivität nur lachen!

Bezüglich ihrer eigenen Medialität, war Gaye Muir bestimmt, fordernd und kompromisslos, was Disziplin und kritische Einstellung sich selbst gegenüber anbelangte. Als Schüler erlebte ich sie aber als einen Menschen voller Mitgefühl und Liebe und, in meinem Fall ganz sicher, als Lehrerin mit viel Geduld. Ich muss sie verrückt gemacht haben mit all den Fragen, die sich im Laufe der Zeit bei mir angesammelt hatten. Nie erlebte ich sie ärgerlich, ungehalten oder entmutigt über unsere Bemühungen. Für mich lässt sich der Unterricht in ihren Gruppen in zwei Worten zusammenfassen: Sanftmut und Geduld.

Der Unterricht in einem Entwicklungszirkel ist je nach Lehrer unterschiedlich, wie ich später herausfand, aber die wöchentliche Routine, der auch ich später im Allgemeinen folgte, wird von den meisten Lehrern, die sich mit der Förderung von Sensitivität und Medialität beschäftigen, eingehalten. Der Lehrer bestimmt Tag und Zeit und selten bis gar nie wird daran etwas geändert. Der Schüler muss sich zur vereinbarten Zeit einfinden und bereit sein zu lernen. Ich war so begierig zu lernen, dass ich beim ersten Mal über eine Stunde zu früh kam!

Bei meinem ersten Besuch wusste ich nicht, was mich erwartete und was man von mir erwartete; ob wir im Dunkeln sitzen würden oder nicht, ob ich irgendetwas sehen oder hören würde, ob ich mich fürchten müsste oder mir das Lachen würde verbeißen können. Das einzige, was ich sicher wusste war, dass ich es versuchen musste.

Zuerst wurde ich den übrigen Teilnehmern vorgestellt. Wir waren zwölf Leute, die sich einander nur beim Vornamen nannten. Als wir den Raum betraten, wurden wir gebeten, einen persönlichen Gegenstand – Schlüssel, Kamm, Uhr, usw. – auf ein Tablett zu legen, das mit einem Tuch zugedeckt war. Ich bemerkte, dass die Stühle im Kreis standen, und jeder schien zu wissen, welches sein Platz war. Ich wurde aufgefordert, mich direkt Gaye Muir gegenüber hinzusetzen. Das Licht war leicht abgedunkelt, aber immer noch hell genug, so dass ich die Gesichtszüge jedes Einzelnen sehen konnte. Unsere Lehrerin erklärte, was wir an diesem Abend machen würden: »Wir fangen mit einem Gebet an, in dem wir um Schutz und Führung bitten; dann folgt eine geführte Meditation und zuletzt machen wir eine spiritualistische Übung, die Psychometrie genannt wird.«

Das Erste, was mir auffiel, bevor wir überhaupt mit dem Gebet anfingen, war die Stille. Da saßen wir mitten in London, einem der geschäftigsten Orte auf der ganzen Welt, und alles war ruhig. Ich hörte nicht das geringste Geräusch, weder im Raum noch von außerhalb. Nach dem Gebet folgte die Meditation. Ich kann mich noch erinnern, dass von verschiedenen Farben gesprochen wurde. Das Nächste, was ich hörte, war Gaye, die sagte: »Komm zurück, zurück in den Kreis, komm zurück.« Mir war das unendlich peinlich – offenbar war ich so entspannt gewesen, dass ich eindöste! Das schien jedoch niemanden zu stören. »Vielleicht sind sie einfach nur nett«, dachte ich.

Nun wurden die Lampen heller gedreht und jeweils einer wurde aufgefordert, einen Gegenstand vom Tablett zu nehmen. Wir durften den Gegenstand nicht anschauen, sondern sollten, mit den Händen unter dem Tuch, das Objekt aufnehmen und befühlen. Wir sollten dann von den »Eindrücken« sprechen, die uns der Gegenstand vermittelte. Die Person, der er gehörte, durfte keinerlei Kommentar abgeben, solange der andere, der den Gegenstand hielt, mit seinen Eindrücken noch nicht fertig war. Der Befühlende sprach dann über den Besitzer des Gegenstandes, dass jemand »ehrlich, liebevoll, sehr loyal und ein guter Organisator« war und Ähnliches. Zum Schluss hielt der »Lesende« den Gegenstand hoch und fragte: »Wem gehört das?« Dann musste der Besitzer bestätigen, welche Eindrücke, falls überhaupt, richtig waren. Als ich an die Reihe kam, erwischte ich eine Uhr. Ich wusste nicht im Geringsten, was ich sagen sollte. Ich hatte augenblicklich ein schlechtes Gefühl im Magen, weil alle anderen alles so wunderbar erspürten und ich überhaupt nichts. Zuletzt fragte mich Gaye, was ich spürte. »Nichts«, erwiderte ich.

»Irgendetwas musst du doch spüren?«

»Nun, mir ist einfach schlecht im Magen, und ich nehme an, das kommt daher, dass ich nervös bin, und wahrscheinlich liegt es daran, dass ich das nicht kann, und ...«

Da hob eine Frau die Hand: »Die Uhr, die du hältst, gehört mir. Alle anderen wissen, dass ich vor zwei Wochen eine Magenoperation hatte, und die Wunde immer noch am Heilen ist.«

Aber ich konnte nicht akzeptieren, dass ich etwas wahrgenommen hatte – dass ich in der Lage war, einen derart zutreffenden Eindruck zu bekommen und auch noch zu kommunizieren. Vielleicht bildete ich mir das nur ein? Vielleicht wollte die Frau einfach nett sein? Das beunruhigte mich. Unsere Lehrerin schien das zu spüren. Sie fragte alle Anwesenden: »Hat noch jemand Magenprobleme?« »Nein«, kam die Antwort. Fast im selben Moment, da ich die Uhr ihrer Besitzerin zurückgab, verschwand das Gefühl von Übelkeit. Mir wurde erklärt, dass Menschen verlernt hätten, sich auf ihre eigenen Gefühle und Empfindungen zu verlassen, und dass das, was ich an meinem ersten Abend im Zirkel erlebt hatte, eine ganz wichtige Lektion für meine weitere Entwicklung als Medium – und als Mensch – sei.

»Versuche nicht, deine eigene Interpretation der Dinge wiederzugeben, denke nicht zu viel nach, versuche nicht, logisch zu sein oder an dir zu zweifeln. Vertraue einfach, und gibt weiter, was du bekommst.«

Diesen Rat sollte ich in den folgenden zwanzig oder mehr Jahren immer wieder hören.

Bevor die Zirkelzeit zu Ende ging, durften ein oder zwei Gruppenmitglieder aufstehen und versuchen, Kontakt mit der Geistigen Welt aufzunehmen. Mir wurde erklärt, dass dies fortgeschrittene Schüler seien, und dass wir anderen uns konzentrieren und den Personen Energie schicken sollten, denn eines Tages könnten wir diejenigen sein, die dort vorne stünden. Wir könnten Energie schicken, indem wir uns vorstellten, dass wir einen weißen Lichtstrahl von unserem Solar-Plexus zu der Person senden, die versuchte zu kommunizieren. Ich erhielt an diesem Abend keine Botschaften, aber diejenigen, die angesprochen wurden, schienen zufrieden mit dem Gesagten, ebenso die fortgeschrittenen Schüler mit sich selbst. Zum Abschluss wurde wieder ein Gebet gesprochen, und Gaye sagte uns, wir sollten uns »zumachen«, indem wir wieder Farben benutzten. Komischerweise konnte ich mich nicht erinnern, dass ich mich »aufgemacht« hatte! Als wir unseren Gruppenraum verließen, fand ich mich auf der Treppe neben einer fortgeschrittenen Studentin wieder und sprach sie an. Ich fragte sie, wie viele Wochen sie gebraucht hätte, um in Kontakt mit der Geistigen Welt zu treten. Sie verriet mir, dass sie zwar das Gefühl hatte, in dieser Gruppe große Fortschritte zu machen, dass sie jedoch zuvor schon seit sieben Jahren an den verschiedensten Zirkeln teilgenommen hatte.

In der darauf folgenden Woche trat ich an Gaye Muir heran und teilte ihr mir, dass ich mir nicht vorstellen konnte, sieben Jahre oder länger in einem Zirkel zu sitzen. Für einen Teenager sind sieben Wochen – ganz zu schweigen von sieben Jahren – eine Ewigkeit! Gaye erklärte mir, dass wir uns alle in unterschiedlichen Zeitspannen entwickelten, und sie habe das Gefühl, dass ich, obwohl ich noch ein »Rohdiamant«, wie sie es nannte, wäre, schon bald Erfolge sehen könnte, sofern ich durchhielte, und zwar schon viel früher als erst in sieben Jahren. Sie bat mich, mir selbst sechs Monate Zeit zu geben, im höchsten Fall neun. Ihre Worte gaben mir Hoffnung und Vertrauen in meine Fähigkeiten, und so stimmte ich zu. Gaye sagte auch: »Das ist deine eigene Entscheidung, und nur deine eigene. Es ist immer jemand da, um dir zu helfen und dich zu führen, aber es liegt in deiner ›persönlichen Verantwortung‹, ob du weitermachen, dich entwickeln willst oder nicht. Die Entscheidung dazu liegt allein in deinen eigenen Händen.« Gaye Muir meinte dann noch, dass einmal die Zeit kommen würde, dass ich eine neue Lehrerin oder einen neuen Lehrer benötigen werde, und dass ich eines Tages dem Spiritualismus den Rücken kehren würde, um später wieder zurückzukommen.

Die Vorstellung, dass ich den Spiritualismus – geschweige denn Gaye Muir – verlassen sollte, kam mir in dem Moment völlig lächerlich vor. Nichts schien mir ferner zu liegen, und während der folgenden acht Monate tauchte ich pflichtbewusst jede Woche auf und tat mein Bestes, um Meditation, Psychometrie, Auralesen und Jenseitskommunikation zu üben. Ich stellte so viele Fragen, wie es die Zeit zuließ und nahm oft aus der großartigen SAGB-Bibliothek vier Bücher auf einmal mit, weil ich so begierig war zu lernen.

Acht Monate später gab Gaye bekannt, dass sie den Zirkel für einige Zeit aussetzen müsse, weil sie für Vorträge ins Ausland reise. Ich war völlig aufgelöst. Wie konnte die Geistige Welt, von der ich inzwischen glaubte, dass sie mich immer und überall leitete, mich zu dieser Gruppe führen, die jetzt für mich in einer Sackgasse endete? Ich war auch ärgerlich über Gaye – wie konnte sie mich so im Stich lassen, wo ich doch gerade erst angefangen hatte, in Schwung zu kommen? Als Schüler denkt man natürlich nicht daran, dass seine Lehrerin oder sein Lehrer manchmal noch andere Dinge tun muss, um sich selbst weiter zu entwickeln. Ich kehrte nie mehr zu einer von Gayes Gruppen zurück. Ich bin mir auch nicht sicher, ob die gleiche Gruppe jemals wieder zusammenkam. Ich weiß, dass Gaye im Weiteren eine sehr angesehene Lehrerin in Europa wurde und auch ein sehr bekanntes Medium. Obwohl wir uns seitdem nur einmal wieder sahen bei einem Abendessen mit Tanz, veranstaltet von den Psychic News[4] in den späten Siebzigern, haben sich unsere Wege doch öfters gekreuzt. Bei meinen zahlreichen Besuchen in München 1998 und 2001 habe ich viele Leute getroffen, die Gaye konsultiert hatten. Tatsächlich erzählte mir Frau Ronnie Marmelstein, die bei all diesen Gelegenheiten meine Gastgeberin war, eines Tages freudestrahlend, dass das Zimmer,

4. Psychic News (PN), eine spiritualistische Wochenzeitung, erschien erstmals am 28. Mai 1932. Ihr Gründer und erster Herausgeber war Maurice Barbanell, ein seinerzeit bekanntes Trancemedium durch das der Geistführer »Silver Birch« (Silberbirke) sprach. Heute gehört PN der SNU (Spiritualists' National Union) und hat weltweit Abonnenten. (A. d. Ü.)

das ich für die Sitzungen mit meinen Klienten benützte, der gleiche Raum wäre, in dem Gaye bei ihren vielen Besuchen ihre Sitzungen abhielt. Wie Sie sich vorstellen können, glaube ich nicht an Zufälle – ich bin sicher, die Geistige Welt hat unsere Wege bei all diesen Gelegenheiten zusammengeführt.

Nach dem Weggang von Gaye, versuchte ich mit allen Mitteln zu Ivy Northages »Schule für Medialität« zu kommen, die sich zur damaligen Zeit auch am Belgrave Square befand. Ivy galt als eine der besten Lehrerinnen, die es in England je gegeben hatte. Sie war nicht nur Lehrerin, sondern auch ein hoch geachtetes und sowohl wegen ihrer mentalen Medialität wie auch ihrer Trancearbeit begehrtes Medium.

Mediale Entwicklung

Komm nicht zu spät zum Zirkel,
aus Achtung vor der Geistigen Welt
und vor deinen Kollegen.

Ivy war jemand, bei dem man »auf Granit biss«, die »personifizierte Unerbittlichkeit«, besonders wenn sie unterrichtete. Als sie hörte, dass ich erst im Teenageralter war, war sie nicht einmal bereit, mich kennen zu lernen, aber zum Glück hatte ich Freunde! Peter Close war bei ihr im Unterricht und überdies – zufälligerweise – einer ihrer Glanzschüler! Nachdem sich Peter für mich eingesetzt hatte, erklärte sich Ivy zu einer Unterredung mit mir bereit. Sie machte deutlich, dass es selbstverständlich keine Garantien gäbe und dass sie eigentlich wirklich keinen Grund sah, mich zu treffen und dass sie im besten Fall vorschlagen könne, ich solle in eine Anfängergruppe gehen. Im Weiteren sprach sie Peter gegenüber die Hoffnung aus, dass ich auf einige der Fragen, die sie mir stellen wollte, eine Antwort wüsste.

Zu behaupten, dass ich nervös und über alle Maßen verängstigt war, wäre eine gewaltige Untertreibung gewesen. Ich verbrachte die ganze Woche vor dem »Interview« damit, alles über den Spiritualismus zu pauken, seine Geschichte, das »Who is who«, die Entwicklung des modernen Spiritualismus. Es gab wenige Einzelheiten über Hydesville, die Familie Fox, Conan Doyle und andere bekannte Spiritualisten, Orte oder Tatsachen, die ich nicht wusste. Ich hoffte, dass ich ihr mit allen meinen Kenntnissen zeigen konnte, dass mein Interesse groß war, meine eigenen medialen Fähigkeiten zu entwickeln. Schließlich war der große Tag da, und ich wurde aufgefordert, Mrs. Northage im Oliver Lodge Saal zu treffen – da war er wieder, dieser Name. Zitternd und bebend betrat ich den Saal. In einem schmucklosen Stuhl an der Seitenwand des Raumes saß eine makellos gekleidete und perfekt frisierte Dame. Mir fiel zuerst auf, wie klein sie war, vor allem in Anbetracht ihres großen Bekanntheitsgrades. Ich war noch mehr überrascht, als sie aufstand und dann auch nicht viel größer wirkte. Ich bin auch nur einen Meter achtundsechzig groß, aber ich überragte die stehende Mrs. Northage um Haupteslänge. Ich war mehr als bereit für die Unterredung. »Komm nur mit deinen Fragen, kleine Dame«, dachte ich bei mir, »ich habe alle Antworten im Kopf!«

Ivy Northage blickte mich an und sagte: »Also, ich habe nur eine Frage an Sie, junger Mann: Warum wollen Sie Ihre Medialität entwickeln?«

Ich war sprachlos. Niemand hatte mich auf so etwas vorbereitet. Ich war überzeugt gewesen, sie würde mich fragen, was ich gemacht, was ich gelernt hatte. Ich stotterte. Panik ergriff mich. Was sollte ich auf diese höchst unerwartete Frage antworten? Als ich mich für den Spiritualismus zu interessieren begann, war das mehr eine intellektuelle Auseinandersetzung – ich wollte beweisen, dass das alles Schwindler waren, die die Leute hereinlegen wollten. Aber ich hatte während der Monate bei Mrs. Muir viel gelernt, viel gelesen und gesehen, Dinge gehört, die ich nie für möglich gehalten hätte. Warum wollte ich meine Fähigkeiten weiter entwickeln? Ich erinnere mich noch genau, dass ich in diesem Augenblick der Stille bei mir dachte: »Wenn irgendjemand da ist, dann gebt mir eine Antwort. Bitte helft mir.« Ohne mir dessen voll bewusst zu sein, spürte ich, wie mein Mund sich öffnete, und ich hörte mich sagen: »Weil ich anderen Menschen helfen will, Mrs. Northage.«

Ivy Northage blickte mich weiterhin an. Und dann sprach sie endlich. »Gut. Wenn Sie irgendetwas anderes gesagt hätten, würden sie jetzt zu dieser Tür dort hinausgehen. Ich sage Ihnen jetzt, welche Regeln für unseren Zirkel gelten, und Sie können in unsere Anfängergruppe kommen.«

Das war der Moment, in dem mir klar wurde, dass ich für den Rest meines Lebens ein Medium sein würde.

Interessant ist, dass alle großen Lehrer, denen ich begegnet bin, von ihrer Entwicklungsgruppe stets als von »unserem« Zirkel sprachen, niemals von »meinem« oder »ihrem«. Nachstehend folgen Ivys Regeln, die sie mir an jenem Tag erklärte, und an die ich mich auf Lebenszeit halten sollte:

- Komm nicht zu spät zum Zirkel, aus Achtung vor der Geistigen Welt und vor deinen Kollegen.
- Wenn du dich doch verspäten solltest, versuche nicht, noch hereinzukommen, wenn die Gruppe schon angefangen hat und die Tür geschlossen ist.

- Einmal in zwölf Wochen kannst du bei einem Treffen fehlen, wenn du wirklich einen triftigen Grund hast. Wenn du zweimal fehlst, brauchst du nicht wieder kommen.

Das waren die Grundregeln für den Besuch von Ivy Northages Schule der Medialität. Betreffend der Disziplin im Zirkel, gab es noch weitere Regeln. Ivy teilte mich einem Zirkel zu, deren Leitung ihr Assistent Win Kent hatte. Auch der Ablauf dieser Zirkel war ziemlich festgelegt: Wir fingen mit einem Gebet an, dann folgte das Öffnen der Chakren oder Energiezentren. Nach der Meditation machten wir spirituelle Übungen wie Psychometrie (das Lesen unbelebter Gegenstände) oder Blumenlesen. Das war eine Übung, bei der jemand eine Blume mitbrachte, und wir, ohne zu wissen, wem sie gehörte, diese »Blume lasen«. Das Blumenlesen funktionierte auf einer feineren Schwingung als die Psychometrie, da Blumen Lebewesen sind und sich daher auf einer höheren Schwingungsebene befanden, als unbelebte Gegenstände. Es ließ sich mehr über Menschen und wie sie wirklich waren herausfinden, wenn man eine lebende Blume las, als wenn man einen persönlichen Gegenstand erfühlte, der vielleicht zuvor jemand anderem gehört hatte oder dem alte oder vergangene Erfahrungen anhafteten. Ich lernte auch ganz viel über Schwingungen und wurde mit den verschiedenen Formen der Medialität bekannt gemacht, ein Thema, mit dem ich mich noch nie zuvor beschäftigt hatte.

Ein wichtiger Programmpunkt dieser Schule war, dass man nach Ivys Ansicht während der Ausbildung zum

Medium unbedingt die Möglichkeit haben sollte, öffentlich oder vor einer Gemeinde zu arbeiten. Alle drei Monate fand eine Versammlung statt, bei der die Öffentlichkeit zur Teilnahme eingeladen wurde, und wir so gut wie möglich Jenseitskontakte demonstrierten. Auch dafür gab es selbstverständlich Regeln. Wir durften nicht mit den Geistführern arbeiten oder sie vorstellen (ich werde auf die Aufgabe eines Geistführers später noch zu sprechen kommen). Dahinter stand die Idee, dass an einer öffentlichen Veranstaltung bewiesen werden sollte, dass das Leben nach dem Tod weiterging. Zu versuchen, Menschen, die keine Ahnung von Medialität hatten oder skeptisch waren, ob es wirklich ein Drüben gab, mit der Vorstellung zu konfrontieren, dass irgendein Helfer oder geistiger Führer, den sie nie gekannt hatten, sie begleitete, war zuviel verlangt, besonders da manche Geistführer Tibeter, Chinesen oder Indianer waren! Die Besucher zu zwingen, etwas ihnen so Fremdes zu akzeptieren, würde wahrscheinlich viel eher dazu führen, dass sie sich vom Spiritualismus abwandten, als dass sie sich ihm zuwenden. Deshalb sollten wir jegliche Diskussion über Geistführer unterlassen. Unsere Anweisungen lauteten vielmehr folgendermaßen:

- Kommt mit jemandem aus der Geistigen Welt in Kontakt, den irgendjemand im Publikum gekannt hat.
- Gebt der Person (dem Klienten), zu der uns das Geistwesen hinführt, klare Hinweise auf den Verstorbenen. Der Klient darf unsere Äußerungen lediglich mit Ja oder Nein beantworten. Beschreibt den Verstorbenen,

wie er ausgesehen hat oder nennt Namen oder liefert Details, die etwas über die Beziehung zwischen dem Klienten und dem Geistwesen aussagen – all das ist erlaubt.

- Stellt dem Klienten keine Fragen.
- Erst wenn der Klient oder die Klientin ganz sicher sind, dass er oder sie wissen, wer der Kommunikator ist, dann und nur dann, dürft ihr dem Klienten eine kleine Botschaft übermitteln.

Zweck unserer Veranstaltung war es vor allem dem Publikum zu beweisen, dass es ein Leben nach dem Tod gab und um uns zu schulen. Viele Medien scheitern, weil sie es für das Wichtigste halten, dem Klienten eine Botschaft von der verstorbenen Person zu übermitteln. Eine Botschaft zu übermitteln, gibt dem Medium den Anschein, besonders begabt und sehr mächtig zu sein. Der wichtige Teil ist jedoch, einfach den Beweis vom Leben nach dem Tod zu erbringen, dem Klienten zu verstehen zu geben, dass unsere Seele weiterlebt, wenn der physische Körper auch stirbt. Mrs. Northage hatte nichts für Egos übrig und vermittelte uns – richtigerweise – die Ansicht, dass wir als Medien nur kleine Rädchen in dem großen Getriebe seien.

Nach einem Jahr in der Anfängergruppe durfte ich an einem öffentlichen Abend bei den fortgeschrittenen Schülern teilnehmen. Mrs. Northage selbst würde die Veranstaltung moderieren. Es war allgemein bekannt, dass sie sich jederzeit einmischen konnte und würde, wenn sie es für richtig erachtete, die Fehler ihrer Schüler zu korrigieren. Diese Abende waren, um es milde auszudrücken, nervenzermürbend für die Teilnehmer. Wir waren zu sechst, und man erwartete von uns nicht nur, dass wir Details über die Person in der Geistigen Welt übermitteln sollten, sondern auch, dass wir klar und deutlich sprechen, keine Fragen stellen und zudem noch einen guten Eindruck machen sollten. Erst viele Jahre später, als ich mit meinem guten Freund John Edward zusammenarbeitete, konnte ich mich endlich dazu durchringen, ohne Krawatte aufzutreten, solch einen bleibenden Eindruck hatte Ivys Unterrichtsmethode und die Anforderungen, die sie an uns stellte, gemacht.

Ich sah zu, wie von den fünfen einer nach dem anderen kritisiert und zurechtgewiesen wurde, und gleichzeitig Hilfe und Unterstützung von Ivy Northage erhielt. Dann war ich an der Reihe. Ich kann mich noch sehr gut daran erinnern. Ich stand auf, lächelte die vielleicht fünfzig an, die vor mir saßen und warf dann einen Blick auf meine fünf Kollegen neben mir. Sie alle schickten mir ein aufmunterndes Lächeln, und einer zeigte heimlich mit dem Daumen nach oben. Wie gut, dass Ivy das nicht sah! Ich zeigte auf eine Frau mittleren Alters in der ersten Reihe. »Ich möchte zu Ihnen kommen«, sagte ich. Schon stand Ivy Northage vor mir: »Warum willst du zu dieser Frau?«

»Weil mir das gesagt wird«, entgegnete ich.

»Dann sage, mir wird gesagt, ich soll zu Ihnen kommen.«

»Mir wird gesagt, ich soll zu Ihnen kommen«, meinte ich zu der Frau. »Ist Ihr Mann in der Geistigen Welt?«

»Fragst du diese Frau oder sagst du ihr das? Warum glaubst du, dass du ihren Mann da hast?

»Weil ich einen Mann gesehen habe«, erwiderte ich, »und er hat gesagt, ›sage Ehemann.‹«

»Dann gib das weiter, was du bekommst, sage, ›ich habe Ihren Mann hier.‹«

Allmählich fühlte ich mich durch Ivys Unterbrechungen gestört und frustriert. Ich wusste damals noch nicht, dass Ivy die Fähigkeit hatte, den ganzen Vorgang dieser Kontakte mitzuverfolgen – sie konnte genau das sehen und hören, was ich sah und hörte, während ich mit der Frau in der vordersten Reihe in Kontakt war. Oft habe ich sie später beobachtet, wie sie die Schüler liebevoll unterstützte, sie unterwies und anleitete. Es war geradezu unheimlich. Noch bevor ihre Schüler einen Beweis oder eine sachdienliche Information lieferten, pflegte sie zu sagen: »Das ist es, du hast es«, und hörte zu, wie ihre Schüler den Beweis erbrachten. In gleicher Weise nahm Ivy meine Frustration wahr und änderte ihre Taktik.

»In Ordnung, du sagst, du hättest einen Mann gesehen? Dann solltest du imstande sein, ihn zu beschreiben!«

Ich begann den Mann zu beschreiben, den ich sah. »Er hat dunkle Haare, ein rundes Gesicht, es sieht so aus, als sei er etwa gleich groß wie ich.«

»Ja, das hört sich gut an«, sagte die Frau.

»Zu wenig genau, bitte ihn um etwas Spezielles!«, kam Ivy plötzlich dazwischen.

»Jetzt hält er seine Hand hoch.«

Ivy drängte mich weiter: »Warum?«

»Ich weiß nicht.«

»Schau noch mal, das muss einen Grund haben.«

Ich sah das Geistwesen vor mir während etwa dreißig Sekunden genau an, die mir wie eine Ewigkeit schienen und dann sah ich es plötzlich: »Ich sehe, wie er seine Hand hochhält, aber er deutet auf seinen Zeigefinger, und die Spitze von seinem Zeigefinger fehlt!«

Meine Klientin holte tief Luft: »Ja!«

»An seiner rechten Hand.«

»Ja!«

Jetzt war ich im Fluss. »Jetzt spüre ich Schmerzen in meiner Brust, alles scheint ganz schnell zu gehen, ich habe das Gefühl zu stürzen, ich höre den Namen Dick oder Rick?«

Wieder unterbrach Ivy. »In Ordnung, höre hier auf«, sagte sie. »Das war gut, nimm Platz.«

Während ich mich setzte, sagte die Frau: »Ich würde das gerne erläutern, Mrs. Northage. Mein Mann Richard starb ganz plötzlich während der Arbeit. Er war Ingenieur, und hat während der Ausbildung seinen Finger verloren, genau den Finger, von dem dieser junge Mann gesprochen hat. Er starb während eines massiven Herzanfalls. Sein Herz hörte auf zu schlagen, und er brach zusammen.«

Zuerst dachte ich, dass das Publikum wild applaudieren würde, aber eine Handbewegung von Ivy und alles wurde ruhig. Rasch wurde ein Gebet gesprochen und die Zusammenkunft aufgehoben. Ich war überrascht von meinem Erfolg – in meinem Kopf drehte sich alles. Sicher war dies einer der besten Kontakte, die Ivy jemals erlebt hatte. Sicher war ich ihr neuer Musterschüler. Ich war überzeugt, dass Ivy Northage etwas zu mir sagen würde, Worte der Ermutigung, Glückwünsche, Unterstützung. Ich lungerte herum, bis fast alle gegangen waren. Aber als Ivy an mir vorbei ging, sagte sie nur »nicht schlecht«.

Es war mein Glück, dass ich in diesem Zirkel länger bleiben konnte. Achtzehn Monate war ich dort im Unterricht von Win Kent. Win war ein wunderbarer Lehrer mit einem ausgezeichneten Wissen über Farben und ihre therapeutischen Möglichkeiten. Ich lernte viel von Ivy, Gaye und Win, und bin ihnen dankbar für ihre liebevolle Art, ihre Geduld, ihre Führung und ihre Bereitschaft, ihr Wissen weiterzugeben.

Bei Ivys Unterricht war ein Punkt bemerkenswert. Sie war eine der Ersten, die darauf bestand, dass ihre Schüler vor Publikum arbeiteten, um Erfahrungen zu sammeln. Wir durften nichts verlangen für unsere Dienstleistungen. Es ging bei den öffentlichen Veranstaltungen nur darum, Erfahrungen zu sammeln. Peter Close, der zum damaligen Zeitpunkt schon an Ivys Schule abgeschlossen hatte, arbeitete bereits in spiritualistischen Kirchen, zusammen mit einer Freundin namens Joan. Einer von beiden pflegte eine inspirierende Ansprache zu halten, während der andere Jenseitskontakte machte. In der darauf folgenden Woche wechselten sie dann die Rollen – so konnte sich jeder auf eine Aufgabe konzentrieren. So oft ich nur konnte ging ich zu ihren Treffen. Es dauerte nicht lange, und ich arbeitete mit Peter zusammen vor Publikum. Als er sich entschloss, zu Hause einen Entwicklungszirkel abzuhalten, war ich einer der Ersten, der kam. Mit der Zeit ging

Peter auf Reisen. In seiner Abwesenheit übernahm ich für ihn die Zirkelleitung. Peter war berechtigterweise stolz auf seinen Zirkel, denn mehrere Medien, die heute noch tätig sind, begannen die Entwicklung ihrer Fähigkeiten in seinem Zirkel. Es gehörte auch in diesem Zirkel zum Entwicklungsprozess, dass die ganze Gruppe in die Kirche ging und dort ihre Fähigkeiten zum Besten gab. Dank Peter und den Veranstaltungen, die er organisierte, wurde ich schließlich gebeten, einen Soloauftritt mit Jenseitskontakten zu geben. Die Veranstaltung sollte in der London Spiritual Mission stattfinden. Ich war damals gerade einundzwanzig Jahre alt.

Dieser Einzelauftritt in der London Spiritual Mission war ein Wendepunkt meiner beruflichen Karriere. Ich bestritt danach mehr und mehr Einzelveranstaltungen, die mir zunehmend mehr über das Leben hier auf dieser Seite und das auf der anderen Seite beibrachten. Ich lernte zu verstehen, warum die Leute so waren, wie sie waren, was in der Medialität möglich und nicht möglich ist, worauf man bei den verschiedenen Formen der Medialität zu achten hatte, und was Heilen wirklich bedeutete, und wie es funktionierte. Weil ich von Anfang an so wunderbare Erfahrungen gemacht hatte, fuhr ich fort, über den Spiritualismus zu lehren, öffentlich aufzutreten und die Kommunikation mit der Geistigen Welt überall auf der Welt zu präsentieren – etwas, das ich heute immer noch mache. Ich ging sogar zurück zum SAGB – diesmal, um zu unterrichten –, und ich leitete einen Entwicklungszirkel für unter Dreißigjährige. Über einen Zeitraum von zehn Jahren arbeitete ich in vielen spiritualistischen Kirchen in England und erwarb mir einen ausgezeichneten Ruf.

Dann erfüllte sich plötzlich die zweite Voraussage von Gaye Muir. Ich wandte mich desillusioniert völlig ab vom Spiritualismus.

II. TEIL

Der Wahrheit auf der Spur

Ihr Lieben, glaubt nicht einem jeden Geist, sondern prüft die Geister, ob sie von Gott sind; denn es sind viele falsche Propheten ausgegangen in die Welt.
1 Johannes 4,1

Eine meiner schwierigsten Lektionen war, dass nicht jeder, der sich als Spiritualist bezeichnete, auch wirklich spirituell ist. Diese Anschuldigung kann man natürlich gegen jede Religion, Gruppe oder Organisation vorbringen. Die Welt hat mehr als genug Geistliche auf Abwegen, sündige Priester und bösartige Mullahs gesehen. Ganz zu schweigen von Medien mit riesengroßen Egos! Das war meine erste Enttäuschung.

Ich glaubte allen Ernstes – wenn auch etwas naiv –, dass die Medien, die behaupteten, dieses wunderbare Wissen zu haben, »dass wir nicht sterben«, ihre eigenen Interessen hinten anstellen und zum Wohle der Menschheit ihre Kräfte vereinigen würden. Wenn jemand tatsächlich Zugang zu Beweisen für dieses wunderbare Wissen hat, sollte er es dann nicht von allen Dächern verkünden wollen und den Wunsch haben, die Botschaft zum Wohle aller kostenlos zu verbreiten?

Es war ein sehr bekanntes Medium in London, das mich unsanft auf den Boden der Tatsachen holte. Ich war sechsundzwanzig Jahre alt und verlangte damals nichts für meine Dienste, da ich noch einen Job nebenbei hatte. Auch hatte ich zu Beginn meines Unterrichts in Medialität gelernt, dass diese Fähigkeit eine Gabe Gottes war, die nicht mir gehörte, und die ich daher auch nicht verkaufen durfte. Ich kann mich erinnern, dass wir einander beinahe anschrien in unserer Auseinandersetzung. Ich kann ihre Worte heute noch hören: »Wenn du nichts verlangst, stiehlst du den anderen Medien das Brot vom Munde weg. Natürlich wollen alle zu dir kommen, wenn du nichts verlangst, aber was ist mit den armen Medien, die ihren Lebensunterhalt mit Sitzungen verdienen müssen?« Ich war wie vor den Kopf gestoßen! Ich lief, nein, kroch davon, am Boden zerstört. Ging es nur ums Geld? Wenn das der Fall war, dann wollte ich nichts mit Spiritualismus oder Medialität zu tun haben. Ich beschloss, dieser Gemeinschaft völlig den Rücken zu kehren.

Während ich meine Wunden leckte, in einem kleinen Haus in Spanien, dachte ich viel nach und fand allmählich eine andere Einstellung zu meinen Fähigkeiten und zu meiner Zukunft als Medium. Wollte ich diese Arbeit gut machen, würde das sicher meine ganze Zeit in Anspruch nehmen. Es würde eine Verpflichtung fürs ganze Leben sein. Und natürlich musste ich leben und Rechnungen bezahlen. Ich sah auch keinen Grund, warum ich in einer Höhle leben und betteln sollte – die Geistige Welt wusste sicher, dass mich das sehr unglücklich machen und in der Folge Auswirkungen auf die Arbeit haben würde. Vielleicht hatte das andere Medium Recht. Um meine Fähigkeiten und Kräfte voll zu entwickeln, würde ich all mein Können für die Geistige Welt einsetzen müssen.

Ich begann, meine Kontakte wieder aufleben zu lassen und nahm mir vor, Seminare und öffentliche Veranstaltungen durchzuführen, mit dem Unterschied, dass ich diesmal meine ganze Zeit dafür einsetzen wollte, und diese Tätigkeit damit zu meiner einzigen Einkommensquelle würde. Dieses Vorgehen würde es mir auch erlauben, möglichst viele Medien kennen zu lernen und sie und ihre Fähigkeiten eingehend zu studieren. Ich würde mehr freie Zeit und Energie zur Verfügung haben, um einen besseren Einblick in die Arbeitsweise anderer Medien zu erhalten. Und, was mir damals noch nicht klar war, ich würde Zeuge einiger Geschehnisse werden, von denen viele andere Menschen ihr ganzes Leben lang nur träumen konnten.

Das Medium, das mich dazu gebracht hatte, meine Haltung zum Spiritualismus und zur Medialität komplett zu überdenken, war ganz zufällig die Ex-Frau eines der in England beliebtesten Komiker, nämlich Kenny Everett. Lee Everett tat mir einen großen Gefallen, als sie mit mir über meine Einstellung zur Medialität stritt. Ob das nun in ihrer Absicht gelegen hatte oder nicht, ich entschied in diesem Moment, dass ich in jeder Hinsicht nur noch professionell handeln wollte, sowohl in Bezug auf meine Nachforschungen über alles Paranormale – als auch bezogen auf meine eigene Aktivitäten in diesem Bereich.

Am Valentinstag 1985 wurde Lee in der spiritualistischen Kirche meiner Wohngemeinde getraut, und ich war eingeladen. Es war, um es milde auszudrücken, eine unkonventionelle Hochzeit. Die Braut erschien mit ihrem geliebten Chihuahua im Arm, der Empfang fand im Geales, einem Fish and Chips Restaurant, statt, und Ehrengast war Elton John. Ich war vor nicht allzu langer

Zeit wieder mal im Geales, und die Photos von Elton (mit mir daneben!) hängen immer noch an der Wand.

Rückblickend kann ich sagen, dass auch jene, die auf den ersten Blick nicht unbedingt aus selbstlosen Motiven handeln, hilfreich von der Geistigen Welt eingesetzt werden können und wurden. Ich überlege mir manchmal, ob ich ohne diesen Einschnitt weiterhin die Welt als Medium bereist hätte.

Ich habe mentale Medialität miterlebt, Hellsehen und Hellhören, und werde im Weiteren noch genauer auf diese Formen der Medialität eingehen. Seit etwa meinem zwanzigsten Lebensjahr war es immer mein Ziel, Medialität in allen ihren Formen zu erfahren und alles kennen zu lernen, was die Geistige Welt zu bieten hat. Schließlich und endlich bedeutet sehen auch glauben, oder nicht?

Im Jahr 1978 hörte ich in der London Spiritualist Mission, in der Kirche, in der ich meinen ersten Gottesdienst allein bestritten hatte, von einem außergewöhnlichen Mann. Viele Leute verehrten ihn; es hieß von ihm, dass in seiner Gegenwart die Jenseitigen sprachen und dass alle Anwesenden die Stimmen der lieben Verstorbenen hören konnten. Sein Name war Leslie Flint. Ich war natürlich neugierig, aber wie die meisten Leute – und tatsächlich wie viele Medien – war ich auch höchst misstrauisch gegenüber derart unglaublichen Behauptungen. Schließlich würde eine solche Fähigkeit, wenn sie echt war, sicherlich allen bekannt sein. Gewiss konnte man sie unter Testbedingungen beweisen.

Was ich nicht wusste, war, dass Leslie Flint genau das zugelassen hatte. In einem berühmten Fall hatte er sich binden und knebeln lassen, mit einer abgemessenen Menge gefärbten Wassers im mit Leukoplast zugeklebten Mund, um jedes Bauchreden auszuschließen. Man verlangte von ihm, dass er genau dieselbe Menge Flüssigkeit anschließend zurück in einen Krug geben sollte. Er hatte überhaupt keine Möglichkeit, Laute von sich zu geben oder irgendetwas im Raum zu bewerkstelligen. Und dennoch, die Stimmen der Verstorbenen wurden von allen Anwesenden gehört.

Leslie war eines der meistgetesteten Medien aller Zeiten. Trotz aller Bemühungen konnten die Wissenschaftler weder Betrug noch Erklärungen finden (nach ihren beschränkten Kriterien, dass alle Dinge kompliziert sein müssen, und wir eine komplizierte Erklärung von einem dieser Wissenschaftler brauchen, die zumeist nur wenig erklärt!) Sie beschlossen, dass sie sich vorsichtshalber wohl eher geirrt hätten, und die Art und Weise wie sie ihre Resultate veröffentlichten war höchst unbefriedigend, obwohl die Tatsache, dass Leslie diese Fähigkeiten hatte – und die Wahrheit, dass es ein Leben nach dem Tod gab –, ihnen geradezu ins Gesicht starrte. Ein großes Geschenk für die Menschheit wurde der Öffentlichkeit damals vorenthalten, aber glücklicherweise wurde vor kurzem unter der Leitung des Geistlichen Larry Taylor die »Leslie Flint Stiftung für Bildung« ins Leben gerufen, und viele der auf Kassette aufgenommenen Séancen sind jetzt allen zugänglich, die sich eingehender mit den Botschaften der Geistigen Welt auseinandersetzen und aus ihnen lernen wollen. Es mag schwierig sein für manche, ein derartiges Phänomen einfach aufgrund einer Tonbandaufnahme zu akzeptieren; deswegen erzähle ich nachstehend wie ich die sogenannte direkte Stimme bei Leslie Flint unmittelbar erlebt habe.

Als ich Leslie kennen lernte, war er bereits seit über fünfzig Jahren als Medium tätig. Er hatte ein wunderbares Leben gehabt und in seinen jüngeren Jahren Säle mit Hunderten von Leuten gefüllt, die aus aller Welt angereist kamen, um seine Dienste in Anspruch zu nehmen. Er hatte Séancen abgehalten, an denen viele berühmte Leute teilnahmen, unter anderem die Schauspielerin Mae West, die eine persönliche Freundin war. (Wenn Sie mehr über sein spannendes Leben wissen wollen, lesen Sie seine Biographie »Voices in the Dark«.)

Natürlich hatte ich keinen größeren Wunsch, als dieses Phänomen zu erleben, und in meiner Naivität nahm ich an, dass man einfach nur buchen musste und hingehen konnte. Als ich gegenüber anderen Mitgliedern der London Spiritualist Mission zum ersten Mal davon sprach, dass ich eine Séance von Leslie Flint besuchen wollte, lachten sie mich fast aus. Ja, wusste ich denn nicht, dass es endlose Wartelisten gab? Manche hatten schon Jahre auf einen Termin gewartet; schließlich und endlich kamen viele der gekrönten Häupter Europas regelmäßig als Klienten zu ihm. Meine Gegenfrage war damals die gleiche wie heute: »Oh, wenn man ernsthaft auf der Suche ist und wirklich die Wahrheit herausfinden möchte, dann muss man also jemand Bedeutender sein oder reich, um diese ›berühmten‹ Medien sehen zu können?« Die Antwort sollte selbstverständlich in jedem Falle »Nein« sein.

Eine Woche später erhielt ich einen Anruf von Rosalind Cattanach. Rose war die Sekretärin der London Spiritualist Mission und ist tatsächlich heute noch, mehr als fünfundzwanzig Jahre später, die Verantwortliche für die Buchungen in dieser vielgeliebten Kirche.

»Robert, war das dein Ernst, als du sagtest, du wolltest in eine Séance mit Leslie Flint gehen?«, fragte sie. »Ich habe gerade zwei Absagen erhalten, und du kannst noch gern daran teilnehmen, wenn du möchtest.« Wollte ich im Ernst an einer Séance mit Leslie Flint teilnehmen? Ich konnte es nicht fassen. Des Weiteren versicherte ich Rose, dass Peter Close ein dankbarer Abnehmer für die zweite Karte wäre. Ich musste ihn gar nicht fragen; ich nahm – richtigerweise – an, dass jedermann an einer solchen Veranstaltung teilnehmen wollte, wenn er die Gelegenheit dazu bekam.

Am vereinbarten Tag begaben Peter und ich uns also zu Leslies Wohnung in London. Es war ein imposantes Haus, das wir durch den Garten betraten. Der Raum, in dem die Séance abgehalten wurde, war ziemlich nichtssagend. Ich erinnere mich, dass Leslie auf ein Hemd deutete, das in einer Vitrine ausgestellt war. Er erklärte, dass es Rudolf Valentino gehört hatte, dem großen Stummfilmstar. Leslie hat lange behauptet, dass er über Jahre hinweg in Kontakt mit dem verstorbenen Schauspieler gestanden hat.

Eine interessante Nebenbemerkung dazu: Gwen Vaughan, eine der engsten Freundinnen Leslies, kann sich an dieses Hemd nicht erinnern. Ich habe sie verschiedentlich getroffen, und Gwen ist die Hüterin der meisten Kassetten von Leslie Flint. Obwohl sie sich nicht an das Hemd erinnern kann, weiß ich, dass es mir gezeigt wurde, und ich habe oft überlegt, was aus dem Hemd wohl geworden ist, das einst der große »Scheich« getragen hatte.

Der Raum war hell erleuchtet, und die Stühle standen im Halbkreis. Vorne stand ein ganz gewöhnlicher Stuhl für Leslie. Man teilte uns mit, dass man den Raum abschließe und niemand ihn vor Abschluss der Séance würde verlassen können. Die Séance sollte in völliger Dunkelheit durchgeführt werden. Die meisten Leute hatten schon früher an einer dieser Séancen teilgenommen, und ich glaube, ich war der einzige, der zum allerersten Mal dabei war. Während die Lichter zuerst schwächer und schließlich ganz abgedreht wurden, forderte Leslie uns immer wieder auf, zu reden und dann zu singen. Das Lied war ein Gassenhauer aus dem zweiten Weltkrieg, den alle kannten und mitsingen konnten. In einem stockdunklen Raum mit einer Gruppe von Fremden zu singen, ist nicht jedermanns Lieblingsbeschäftigung, und ich bedauerte schon, dass ich anwesend war. Dann hörte ich schweres Atmen, und nahm an, dass Leslie in eine Art Trance ging. Plötzlich wurde es sehr kalt im Raum, und Leslie begann bei vollem Bewusstsein zu sprechen. Das war insofern faszinierend, als im Gegensatz zu dem, was ich über andere Medien, die in Trance fielen, gelesen hatte, und um die herum dann Stimmen hörbar wurden, Leslie Flint immer hellwach blieb. Oftmals unterhielt er sich mit den Kommunikatoren aus der Geistigen Welt. Manchmal sprachen mehrere Stimmen gleichzeitig – schon das allein hätte der Theorie des Bauchredens den

Todesstoß versetzen sollen. Versuchen Sie doch einmal, einen Bauchredner, und sei er auch noch so ein Könner, dazu zu bringen, drei oder mehr Stimmen gleichzeitig hervorzubringen. Mir wurde gesagt, dies sei unmöglich.

Die erste Stimme, die ich hörte, nachdem Leslie sich erkundigt hatte, ob irgendwelche Botschaften zu übermitteln wären, war die unnachahmliche Stimme von Mickey, dem Cockney Geistführer, der schon lange mit Leslie Flint zusammenarbeitete. Ein weiterer überzeugender Aspekt war, abgesehen von dem, was inhaltlich gesagt wurde, die Tatsache, dass die Stimmen sich klar und deutlich im Raum »bewegten«. Die Stimme schien jemanden, der weit entfernt von mir saß, anzusprechen, während sie sich im nächsten Augenblick direkt vor mir befand. Als der Geistführer mit Namen Mickey mich ansprach, bekam ich zu hören: »Er ist in Ordnung, der Robert, es gibt Leute hier auf unserer Seite, die der Meinung sind, dass er eines Tages vielen Menschen auf eurer Seite des Lebens helfen wird. Sie glauben, dass er ein großes Potential hat und dass er dieses Wissen eines Tages um den Erdball tragen wird. Sie versprechen, dass das möglich wird.«

Ich war keineswegs beeindruckt. Ich dachte, gewiss hätte die Geistige Welt, wenn sie sich schon die Mühe machte, tatsächlich zu sprechen und sich nicht über ein anderes Medium mitteilte, mehr zu sagen, als Worte, die dem Ego schmeichelten. Während ich mehr als unzufrieden war mit dem Ergebnis dieser Séance, war Peter Close richtig wütend. Als wir an dieser für mich ersten Séance teilnahmen, stand Peter kurz davor, den Polizeidienst zu quittieren und in den Ruhestand zu treten, und dennoch hieß die Botschaft für ihn: »Die Leute hier drüben reden davon, dass Peter gewaltig befördert wird, er wird noch weit kommen.« Verschiedenste andere Stimmen waren noch vernehmbar; es war deutlich, dass einige der Anwesenden tief davon berührt waren, dass sie die Stimmen ihrer Lieben hören konnten. Die Vielfalt der Stimmen war beeindruckend.

Wir verließen schließlich die Veranstaltung und begannen, uns über die Ereignisse des Tages zu unterhalten. Peter war der Ansicht, dass die Stimmen echt waren, dass aber Leslies Kopf sich einschaltete und die Durchgabe der Informationen verzerrte. Peter hat sein ganzes Leben jünger ausgesehen als er war. Selbst heute meinen die Leute, wenn sie ihn sehen, dass er um die fünfzig sei, während er in Wirklichkeit um die siebzig ist. Und nun stellen Sie sich mal vor, wie er vor zwanzig Jahren ausgesehen hat. Peter war überzeugt, dass die Stimmen aus der Geistigen Welt kamen, aber dass Leslie ihn für jünger hielt, als er eigentlich war, und dadurch indirekt die Stimmen beeinflusst wurden. Nicht lange nach dieser Séance trat Peter nach dreißig Jahren aus dem Polizeidienst aus. Nur kurze Zeit verstrich, und er arbeitete vollzeitlich als Medium; was geschehen war, gab Anlass zu stets neuen »Diskussionen« zwischen Peter und mir. Für Peter ist im Zusammenhang mit den Stimmen alles offen. Ich wage zu behaupten, dass aus Sicht der Geistigen Welt tatsächlich eine Beförderung stattgefunden, und er einen weiten Weg zurückgelegt hat. Über Jahre hinweg war Peter eines der wenigen britischen Medien, die regelmäßig nach Amerika eingeladen wurden. Zurzeit, da ich dies schreibe, ist Peter dabei, Pläne umzusetzen, wie er in der Zeit seiner Pensionierung arbeiten und Menschen in Thailand helfen könnte, indem er einen Entwicklungszirkel beginnt. Aus Sicht der Geistigen Welt ist dies eben eine Beförderung.

Ein wichtiger Aspekt in der Kommunikation mit der Geistigen Welt, den ich dank all dem begriffen habe, ist die Wahrnehmung. Es ist so wichtig, dass wir nicht versuchen zu erfahren, was wir sehen oder hören möchten, sondern offen genug sind, die Möglichkeit in Betracht zu ziehen und zu akzeptieren, dass wir Zeuge der Sicht eines anderen Bewusstseins sind – die »Beförderung« von Peter Close ist ein Beispiel dafür. Um wirklich vollumfänglich zu verstehen und zu begreifen, was uns gesagt wird, müssen wir unsere Denkweise verändern und die Meinung der Geistigen Welt zu einer Situation akzeptieren, eine Sichtweise, die vielleicht nicht von materiellen Überlegungen verfälscht wird.

Ich hatte das Glück, bei einigen weiteren Séancen mit Leslie Flint dabei zu sein, und ich muss sagen, sie waren außergewöhnlich. Einige der Informationen, die durchkamen, schienen trivial zu sein, aber sind es nicht hauptsächlich triviale Dinge, aus denen sich unser Leben zusammensetzt? Wenn ein Ehemann, ein geliebter Angehöriger oder Freund sich meldet und sich plötzlich über Einsteins Relativitätstheorie ausließe, von der er zu seinen Lebzeiten nicht die geringste Ahnung hatte, hätten wir dann wirklich das Gefühl, dass es sich um die Person handelt, die wir gekannt haben, wäre es tatsächlich möglich, dass sie allein durch ihren Tod so viel Wissen erworben hätte? Ich war immer der Meinung, damals wie heute, dass die Nagelprobe für jede Kommunikation mit der Geistigen Welt in der Information liegt, die durchgegeben wird. Einige der Séancen, die ich bei Leslie Flint erlebte, bestanden unzweifelhaft diese Nagelprobe. Die Informationen, die durch das Medium Leslie Flint übermittelt wurden, waren und sind für die Menschheit von großem Wert. Ich lege jedermann nahe, der sich darüber Gedanken macht, was die Geistige Welt zu Todesstrafe, Vivisektion und zur Unmenschlichkeit des Menschen gegenüber seinen Mitmenschen zu sagen hat, sich die Kassetten anzuhören, die von Leslie Flints Séancen erhältlich sind.

Leslie Flint, einer der größten Männer, die der Spiritualismus hervorbrachte, ging 1994 in die andere Welt. Er hat nie behauptet, er wüsste genau, wie seine Medialität funktionierte. Er wusste einige fachliche Einzelheiten, die ihm die Geistige Welt während der Séancen erklärt hatte, aber er hatte nie eine Antwort auf die Frage: »Warum er?« Eine Zeitlang dachte man, diese Medialität sei einzigartig, aber es hat vor und nach Leslie Medien gegeben, in deren Gegenwart die Toten angeblich gesprochen haben. Aber niemand wurde im selben Ausmaß getestet wie Leslie, obwohl die Untersuchungen, die gegenwärtig von Dr. Gary Schwartz in Arizona durchgeführt werden, bei den Medien, die bereit sind, sich solchen Tests zu unterziehen, ermutigende Resultate zeigen.

Wissenschaftliche Untersuchungen

Ich war immer der Ansicht, dass wir, auch wenn wir uns dem Pfad der Medialität verpflichtet haben, dennoch keineswegs Sklaven sind, und dass die Entwicklung der sensitiven Fähigkeiten und Gaben dadurch bestimmt wird, wie sehr die Medien sich darum bemüht haben. Natürlich muss die Geistige Welt volles Vertrauen haben in jeden, mit dem sie arbeitet, aber umgekehrt ebenso. Ich habe bei etwa sechs anderen Gelegenheiten angebliche »direkte-Stimme-Phänomene« gehört, vier davon waren eindeutig Schwindel, aber im November 1999 nahm ich an einer Séance eines bekannten englischen Mediums, Colin Fry, teil. Bei einigen Leuten ist Colin umstritten. Er wurde in der Presse scharf angegriffen, wegen der Art, in der einige seiner Séancen durchgeführt wurden. Wie bei den meisten Medien, die das öffentliche Interesse auf sich ziehen, wurden Betrügerei und Schwindelei ins Feld geführt. Dennoch habe ich ihn erlebt, wie er seine Hellsichtigkeit, Trance und physikalische Medialität unter Beweis stellte. Er ist ein ernsthafter und begabter Mensch. Ich hoffe, dass die neue Fernsehserie in England sich in einer Art und Weise entwickelt, dass wir tatsächlich eine Séance, in der auch physikalische Phänomene auftreten, erleben können. Etwas Derartiges ist heutzutage dank Infrarot-Kameras möglich. Colin ist eines der seltenen Medien, die dazu tatsächlich imstande sind.

Obwohl ich ohne jede Erwartung und ohne jedes Vorurteil an diese Séance ging, sorgte ich doch dafür, dass er meinen Namen nicht erfuhr. Tatsächlich war es so, dass wir einander noch nie begegnet waren. Er hatte keine Ahnung, wer in Begleitung der Person kam, die unseren Besuch organisiert hatte. Gegen Ende der Séance erfüllte die unverwechselbare Stimme von Leslie Flint den Raum. Ich möchte nicht im Einzelnen anführen, was gesagt wurde, ich bestätige aber gern, dass die Stimme Wort für Wort dieselbe Versprechung machte, die Mickey zwanzig Jahre vorher gemacht hatte. Was ich damals, als die Geistige Welt es mir gab, als unbedeutend und platt ansah, entpuppte sich zwanzig Jahre später als unglaublich starker Moment für mich. Es gibt nur drei Leute auf der ganzen Welt, die wissen konnten, welches Versprechen die Geistige Welt mir damals gab: Flint, Peter Close und ich. Peter hatte keine Ahnung, dass ich zu einer Séance mit Colin Fry gehen wollte. In der Tat war er Tausende von Kilometern entfernt in Thailand. Noch merkwürdiger war etwas, das niemand außer mir wusste, nämlich, dass in den vergangenen Jahren Klienten Sitzungen mit mir gebucht hatten, die stets auf Kassette aufgenommen wurden, und dass diese Klienten mich nach der Sitzung anriefen, um zu fragen, was die anderen Stimmen auf dem Band zu bedeuten hatten. Zu Anfang dachte ich, dass das entweder irgendein Scherz oder ein Problem mit der

Tonaufnahme war, aber letztes Jahr, während einer Sitzung mit einem Klienten, hörten wir beide ein Geräusch, das auch auf der Aufnahme registriert war. Konnte dies eine Kommunikation mit direkter Stimme von der Geistigen Welt gewesen sein? Bei aller Phantasie ist diese Form der Medialität bei mir noch nicht so entwickelt, aber ich weiß, dass die Kommunikation mit direkter Stimme möglich ist, und wenn wir uns nicht mehr vordringlich auf die mentale Medialität konzentrieren, werden wir mehr davon zu hören bekommen. An der Séance im Haus von Colin Fry beschwor mich Leslie aus der Geistigen Welt, an meiner sensitiven Entwicklung weiterzuarbeiten, doch niemand wusste auch nur das Geringste davon, dass sich diese Phänomene bei mir gezeigt hatten.

Es war ein großes Glück für mich, dass ich mich mit Leuten wie Leslie Flint und einigen anderen physikalischen Medien unterhalten konnte. Mit ihrer Hilfe entwickelte ich ein Verständnis dafür, wie viel es die Geistige Welt kostet, direkte Stimme und physikalische Phänomene zu produzieren. Selbstverständlich spielt das Medium bei derartigen Séancen eine wichtige Rolle; die Substanz, die mit dem Wort »Ektoplasma« bezeichnet wird, stammt aus dem Körper des Mediums. »So schön, so gut, aber«, höre ich Sie sagen, »wie kommt es dann, dass niemand dieses Ektoplasma gesehen oder gespürt hat?« Stimmt nicht, sie haben; tatsächlich ist es so, dass Wissenschaftler es sogar untersucht haben.

Wir wollen diese Substanz, einfach vom Namen »Ektoplasma« ausgehend, einmal unter die Lupe nehmen. Dieses Wort kommt von den beiden griechischen Wörtern ektos und plasma, die miteinander kombiniert nach außen gebrachte Substanz bedeuten. Das Wort wurde von Dr. Charles Richet geprägt, einem französischen Physiologieprofessor. Er hatte sich über Jahre hinweg mit dem Spiritualismus auseinandergesetzt und gesehen, wie das Ektoplasma während der Séancen aus dem Körper der Medien austrat. Im Laufe der Jahrhunderte hat es unzählige Berichte von Materialisationen gegeben oder von Toten, die den Lebenden auf wunderbare Art und Weise erschienen sind. Selbst in der Bibel kommt das öfter vor. Immer wieder finden wir Berichte von Leuten aus allen Schichten und Berufen, die bezeugen, dass sie liebe Verstorbene gesehen und tatsächlich auch berührt haben, weil es den Jenseitigen offenbar gelang, sich in irgendeiner Weise erneut in physischer Form zu zeigen. Wie ist das möglich? Ektoplasma! Diese Substanz wurde von vielen Wissenschaftlern eingehend untersucht, im Speziellen von Baron von Schrenck Notzing, einem deutschen Arzt, der viele Jahre lang Medien studierte und Séancen durchführte. Bei einigen Séancen erhielt er die Erlaubnis, kleine Proben von Ektoplasma für die mikroskopische und chemische Analyse zu entnehmen oder abzuschneiden. Natürlich setzt dieses Vorgehen das Medium einem großen Risiko aus, und man kann nur annehmen, dass das Medium – und mehr noch, die Geistige Welt – dem Baron absolut vertraute. Für die fachlich Interessierten folgt hier ein Teil der Schlussfolgerungen des Barons über Ektoplasma.

- *Chemische Analyse:* »Farblos, etwas wolkig, flüssig (fädig), geruchlos; Spuren von abgestorbenen Zellen und

Speichel. Niederschlag weißlich. Reaktion leicht alkalisch.«

- Unter *»Mikroskopische Untersuchung«* führte er an: »zahlreiche Hautschuppen; speichelähnliche Teilchen; zahlreiche Schleimhautkörnchen; zahlreiche winzige Teilchen Fleisch; Spuren von ›sulphozyansaurer‹ Pottasche«. Offenbar wogen die getrockneten Rückstände 8,60 Gramm pro Liter, 3 Gramm Asche.

Alle diese Untersuchungen mögen für einen Wissenschaftler vielleicht interessant sein, aber was sagt das den meisten von uns? In gewisser Weise unterstützt es, woran viele anfangen zu glauben, nämlich dass wir Menschen mehr sind als nur physisch. Es wurde immer wieder gesagt, dass wir neben unserem physischen Körper noch einen zweiten haben, der oftmals als Betakörper bezeichnet wird. Viele behaupten, dass dieser Betakörper der Sitz der Seele ist, das wirkliche Ich! Der Betakörper ist mit dem physischen Körper über die, wie sie häufig genannt wird »Silberschnur« verbunden (die ihren Namen übrigens von dem biblischen Satz »ehe der silberne Strick zerreißt« aus *das Buch Kohelet 12,6* herleitet).

Solange der physische Körper lebt, sind die beiden miteinander verbunden. Bei manchen Menschen kann diese Schnur extrem elastisch sein und es damit dem Betakörper ermöglichen, sich weit außerhalb des physischen Körpers aufzuhalten. Manche sind der Ansicht, dass diese Theorie als Erklärungsmodell für viele Nahtod-Erfahrungen hilfreich ist. Bei spirituell hoch entwickelten Menschen, wie zum Beispiel im Falle des verstorbenen

Mönches Pater Pio, wurde der Betakörper an einem Ort gesehen, während sich der physische Körper des Mönchs erwiesenermaßen an einem anderen Ort aufhielt. Dieses Phänomen soll auch beim indischen Mystiker Sai Baba beobachtet worden sein.

Erst wenn die Silberschnur tatsächlich durchtrennt wird, tritt das Ereignis ein, das wir als Tod bezeichnen, und der physische Körper hört auf zu existieren. Auch wenn unser physischer Körper sterben mag, lebt der Beta-Körper, das, was uns wirklich ausmacht, weiter. Und es ist dieses wahre Ich, mit dem die Medien in Kontakt kommen können.

Physikalische Medien wie Leslie Flint sind mit einem gut entwickelten »locker sitzenden« Betakörper gesegnet. Und von diesem Betakörper kann die Geistige Welt die Energie, die Ektoplasma genannt wird, abziehen und sie umformen zu etwas, das man als temporäre *voice box* (Kehlkopf) bezeichnet hat. Man ist der Ansicht, dass es dieser Kehlkopf aus Ektoplasma ist, der von der Geistigen Welt benützt wird, wenn sie mit direkter Stimme kommuniziert.

Sicher müssen Ektoplasma und direkte Stimme noch weiter untersucht und dokumentiert werden. Aber es gibt bereits Hunderte von Büchern, die auf unterschiedlichstem Niveau die physikalische Medialität zum Thema haben, von wissenschaftlichen Arbeiten bis zu Autobiographien von Medien. Viele wurden schon vor längerer Zeit geschrieben, und bei einigen liegt die Entstehungszeit schon so weit zurück, dass wir – zu Recht oder Unrecht – einige der Behauptungen, die in diesen Büchern aufgestellt werden, im Lichte des modernen »fortgeschrittenen« Denkens in Frage stellen dürfen. Ich kann dazu lediglich bemerken, dass die wissenschaftlichen Untersucher des zwanzigsten Jahrhunderts wesentlich engagierter und gründlicher gewesen zu sein scheinen, als einige, die in neuerer Zeit versucht haben, alle diese Untersuchungen zu verspotten und ins Negative zu rücken. Schließlich lassen sich die meisten Wunder in der Bibel erklären und akzeptieren, sobald wir verstehen, was uns die Geistige Welt von Anbeginn immer wieder gesagt hat, dass wir nicht sterben, nicht unser wahres Ich! Ich finde es ziemlich merkwürdig, wie einige sich voll auf den Glauben stützen und – das ist ihr gutes Recht – an Bücher glauben, die vor langer, langer Zeit geschrieben und von Menschenhand immer wieder stark verändert wurden. Wenn sie aber in öffentlichen Veranstaltungen tatsächlich mit medialen Fähigkeiten konfrontiert werden, sind sie jedoch die Ersten, die lauthals protestieren und alle möglichen falsch ausgelegten religiösen Lehren ins Feld führen, warum solche Veranstaltungen nicht zugelassen werden sollten, wo doch eigentlich eben diese Veranstaltungen nur bestätigen würden, was sie ohnehin schon glauben!

Zum Glück haben wir, wahrscheinlich mehr als je zuvor in unserer Erdgeschichte, ein Übergewicht an Leuten, die Tag für Tag beweisen können, dass es tatsächlich ein Leben nach dem sogenannten Tod gibt. Es gibt eine Vielzahl von »mentalen Medien«, Hellsichtigen, Hellhörenden und Hellfühlenden überall auf der Welt. Ihre Fähigkeiten reichen von mäßig bis außerordentlich. Natürlich kann man ihre Motivation, warum sie Séancen und Sitzungen durchführen, manchmal auch in Frage stellen. Manche wollen nur Ruhm und Geld erwerben, aber die meisten wollen ganz ehrlich die Wahrheit, die sie für sich entdeckt haben, mit anderen teilen, die bei ihnen Hilfe suchen.

In meines Vaters Haus

Daher ist die wahre Bedeutung der Religion nicht
die Sittlichkeit an sich, sondern die vom
Gefühl berührte Sittlichkeit.
Matthew Arnold

Während es heute mehr Medien auf der Welt gibt als je zuvor, ist das Niveau der Medialität im Allgemeinen gesunken. Das große Interesse für dieses Phänomen hat viele Menschen dazu bewogen, Medium werden zu wollen, und obwohl einige durchaus begabt sein mögen, werden sie häufig der öffentlichen Aufmerksamkeit ausgesetzt, bevor sie wirklich soweit sind. In der Folge davon hat die mentale Medialität in der Presse einen schweren Stand, und oft sind herausragende Medien von der Presse kritisiert, ja sogar beschimpft worden, wegen der Ungereimtheiten einiger weniger Medien, deren Niveau unzureichend ist.

Wenn die Menschen nur begreifen könnten, dass die echten Medien zu den skeptischsten Leuten auf der Welt gehören. Sie arbeiten oft intensiv daran – intensiver als irgendjemand das aus der Welt der Presse tun würde – zu verstehen, was um sie herum vorgeht. Sie prüfen nach, hinterfragen und akzeptieren nicht einfach, was ihnen gesagt wird. Als Beweis möchte ich schildern, wie zwei herausragende, bekannte Medien vorgingen, um eine Sitzung bei mir zu bekommen. Es handelt sich um James van Praagh und John Edward.

Im Herbst 1994 wurde ich gebeten, an der Learning Light Foundation in Orange County, Kalifornien, einen Vortrag zu halten. Man fragte mich dann, ob ich bereit sei, jemandem eine Sitzung zu geben, der von meinem geplanten Besuch gehört hatte. Ich erfuhr in diesem Zusammenhang nur folgendes: 1. Die Sitzung war wichtig für die Person. 2. Der Klient würde mittags für eine halbstündige Sitzung kommen. 3. Die Person hieß Jimmy. Mehr wusste ich nicht.

Es hätte allerdings keinen großen Unterschied gemacht, wenn mir der Klient seinen vollen Namen genannt hätte. Ich hatte James van Praagh noch nie vorher gesehen und, da ich hauptsächlich in England lebte, noch nicht einmal seinen Namen gehört (dies alles ereignete sich bevor das erfolgreiche Fernsehprogramm *The Other Side* (Die andere Seite) ausgestrahlt wurde, sogar noch vor Veröffentlichung seines Bestsellers *Talking to Heaven*[5]), so dass ich völlig ahnungslos war, welche Aufmerksamkeit die Presse James bereits geschenkt hatte. Ich werde niemals den Inhalt einer Sitzung preisgeben, und das gilt genauso für diese beiden. Aber zwei Dinge wurden zu einem späteren Zeitpunkt von James und mir öffentlich angesprochen, darum kann ich hier ruhigen Gewissens davon sprechen. Zum einen handelte es sich darum, dass die Geistige Welt mir mitteilte, dass das Buch, an dem er zu diesem Zeitpunkt schrieb, wichtig war – und *Talking to Heaven* hat gewiss das Leben vieler

5. Auf Deutsch unter dem Titel: »Und der Himmel tat sich auf – Jenseitsbotschaften, die Geistige Welt und das Leben nach dem Tode« erschienen 2002 im Goldmann Verlag, München.

Menschen verändert! Der zweite außergewöhnliche Vorfall war, dass mich James nach der Sitzung zum Mittagessen einlud. Als ich erklärte, dass mir dies leider nicht möglich sei, weil ich noch eine weitere Verabredung hätte, erwiderte James: »Oh, die werden nicht kommen.« Ich erklärte, das sei Unsinn, denn die nächste Sitzung sei schon vor Monaten gebucht und bereits bezahlt worden! Aber siehe da, der nächste Klient erschien nicht. Wir gingen essen und stellten fest, dass, obwohl unser Leben sehr unterschiedlich verlaufen war, wir doch oft die gleichen Erfahrungen gemacht hatten. James hatte sogar Leslie Flint kennen gelernt. Und so geschah es, dass James mich nach Hollywood einlud, um mit ihm an drei seiner ungeheuer beliebten öffentlichen Veranstaltungen mit Jenseitskontakten teilzunehmen. James ist ein wunderbares Medium. Er hat die große Gabe, Persönlichkeit und Gefühle der verstorbenen Person zu übermitteln und gleichzeitig klare Beweise zu liefern.[6]

War James sehr darauf bedacht, vor der Sitzung nicht allzu viel von sich zu verraten, so war John Edward richtiggehend geheimnistuerisch. Anfang 1998 erklärte mir meine damalige Organisatorin, Ursula Reeg, dass eine Sitzung gebucht worden sei, die per Telefon stattfinden müsste, weil der Klient weit weg war und nicht persönlich erscheinen konnte. Wieder wurde mir der Sitzungstermin mitgeteilt und dass ein John Esposito anrufen würde. Ich weiß, dass John diese Sitzung bei mehreren

6. Informationen über James van Praagh auf Deutsch finden sich auf www.van-praagh.de.

seiner ausverkauften öffentlichen Veranstaltungen dankbar erwähnt hat, vor allem, wenn ich anwesend war, so dass ich ohne Zögern diese Erfahrung hier mitteilen kann. Die Sitzung via Telefon bedeutete natürlich, dass ich die Person nicht sehen konnte, man mir dadurch aber auch nicht den Vorwurf machen konnte, ich hätte darauf gewartet, dass sich ihr Gesichtsausdruck veränderte oder ich ihre Körpersprache gedeutet hätte. Die Millionen von Menschen, die heutzutage John Edward im Fernsehen gesehen haben, werden mit mir einig sein, dass er, wenn er einmal anfängt zu reden, wie ein Maschinengewehr loslegt! Der John hingegen, den ich am Telefon hatte, antwortete stets mit einem völlig emotionslosen Ja oder Nein. Im Verlauf der Sitzung rief John seine Frau Sandra herbei und forderte sie auf mitzuhören, da das Gesagte allen Beteiligten sehr nahe ging. Am Ende der Sitzung, als John seinen wahren Namen preisgab und sagte, wer er wirklich war, fühlte ich mich augenblicklich ganz schrecklich, da ich ihn noch nie bei seiner Arbeit gesehen hatte –, ich hatte praktisch überhaupt nichts über ihn gehört! Das war vor seiner phänomenal erfolgreichen Fernsehshow und kurz bevor sein erstes Buch veröffentlicht wurde.

Liebenswürdigerweise lud mich John danach nach New York ein und machte mich mit vielen neuen Freunden an der Ostküste bekannt. Er lud mich auch ein, ihn auf seiner Tour durch etliche Großstädte der Vereinigten Staaten zu begleiten, die vom Learning Annex[7] organisiert wurde. John erläuterte mir, dass ihm sehr daran gelegen war, den Leuten zu zeigen, dass andere ähnliche

Fähigkeiten hatten, und dass weder Einzelpersonen, noch Länder, noch Religionen den Alleinanspruch auf die Kommunikation mit der Geistigen Welt erheben konnten. John feiert im Moment große persönliche Erfolge. Ich kann mir nichts anderes vorstellen, als dass das teilweise darauf zurückzuführen ist, dass er so großzügig und buchstabengetreu den spirituellen Rat befolgt hat: *»Schicke dein Brot übers Wasser, so kannst du es zehnfach wiederfinden.«* Das ist ein weiterer Hinweis auf das, was uns die Geistige Welt zu zeigen versucht.

7. Der »Learning Annex« ist der Anbieter von Seminaren, Vorträgen, Schulungen und Workshops überall in den Vereinigten Staaten und in Kanada. »Wir versehen unsere Studierenden mit den Werkzeugen, die sie brauchen, um ihre Karrieren zu verändern, mehr Geld zu verdienen, ihre Beziehungen zu verbessern, ihr Leben mit mehr Entscheidungskraft zu führen und unterstützen persönliches und spirituelles Wachstum. Wir bieten pro Jahr mehr als 8000 Veranstaltungen an!« (Übersetzung aus dem Internet, A. d. Ü.)

Handle aus der richtigen Motivation, und mit reinem Herzen, und du hast Erfolg

Was machen die Medien eigentlich, abgesehen davon, dass sie skeptisch und diskret sind? Die meisten werden, wenn man sie danach fragt, zu erklären versuchen, was sie tun. Ich habe mir so einige erheiternde Erklärungen geduldig angehört. Einige davon waren so kompliziert, dass ich mich fragte, ob die Geistige Welt, wenn sie wirklich die Quelle der Information war, nicht wollte, dass wir den Vorgang verstehen. Im Allgemeinen ist es so, dass je komplexer und komplizierter eine Erklärung ist, desto mehr scheinen wir uns von der einfachen Wahrheit zu entfernen. Das Schlüsselwort für alle Medien ist Schwingung. Im Wesentlichen ist das Medium eine Person, die die Schwingung ihres Beta-Körpers verändern kann. Einige können dies ganz unbewusst und »lesen« oft Informationen »auf«, ohne darüber nachzudenken, in einer der Intuition nicht unähnlichen Art. Andere können lernen, ihre Frequenz anzupassen und sich auf die Geistige Welt einzustimmen, wie ein Radio, das das passende Signal sucht. Wenn der Beta-Körper mit dem physischen Körper verbunden ist, schwingt er langsamer. Es ist, als ob der Beta-Körper von einem schweren Überzieher niedergedrückt würde. Wenn hingegen die Silberschnur gedehnt wird und der Beta-Körper sich vom physischen Körper entfernen kann, dann schwingt er viel schneller. Wenn wir sterben, werden Beta-Körper und physischer Körper vollständig voneinander getrennt, und dadurch erhöht sich die Schwingung des Beta-Körpers noch stärker. Die meisten von uns können diese unterschiedlichen Schwingungsebenen weder sehen noch wahrnehmen – vor allem nicht die extrem hohe Schwingung nach dem Tod des physischen Körpers. Das ist nicht überraschend, denn den größten Teil unseres Lebens bekommen wir immer wieder die Unwahrheit zu hören: »Wenn du tot bist, bist du tot.« Man könnte fast sagen, dass die meisten von uns von Kindheit an einer Gehirnwäsche unterzogen werden, von irregeleiteten Eltern, religiösen Führern und durch den Druck Gleichaltriger, nur das zu akzeptieren, was wir sehen und hören können. Jeder Hund weiß, dass die Welt voller interessanter Töne ist, die außerhalb des menschlichen Hörbereichs liegen. Warum also schränken wir menschlichen Wesen uns so sehr ein und vertrauen nur dem, was wir körperlich erfahren? Sind wir nicht lebendige Wesen, genauso wie der Hund? Ich bin der festen Überzeugung, dass wir Menschen noch viele spirituelle Wahrheiten von den Tieren lernen können.

Was, wenn wir unsere Art zu denken so änderten, dass wir den Tod nicht fürchteten, sondern ihn als etwas ebenso Wunderbares ansähen wie die Geburt in dieses Leben, dass wir akzeptierten, dass unser »wahres« Selbst weiterlebt und dass, egal auf welcher spirituellen Entwicklungsstufe wir uns befinden, wir stets Fortschritte machen können? Das ist ein weiterer wichtiger Punkt, den uns die Geistige Welt in ihrer Kommunikation mit uns mitzuteilen versucht. Wenn dem so ist, dann sollte das, wie wir unser Leben führen, wie wir auf andere reagieren und wie wir mit ihnen umgehen, die alles überragende Überlegung in unserem Leben sein, damit wir auf unserem spirituellen Weg weiterkommen.

Wie Ivy Northage immer wieder eisern erklärte, ist es die vordringlichste Aufgabe eines Mediums, glaubhafte Hinweise darauf zu erbringen, dass das Leben nach dem sogenannten Tod weitergeht. Bei der mentalen Medialität beteiligt sich das kommunizierende Geistwesen aktiv an diesem Vorgang. Gleich dem Medium, das die Schwingungen seines Beta-Körpers anheben muss, um mit der Geistigen Welt kommunizieren zu können, muss der Kommunikator in der Geistigen Welt, von dem der Impuls ausgeht, seine Schwingungen (Beta-Körper) verlangsamen, damit das Medium den Kontakt herstellen kann. Abhängig davon, welche Fähigkeit das Medium am besten entwickelt hat, erhält das Medium die entsprechenden Informationen, die für den Klienten relevant sind.

Aufgabe des Klienten ist es, die Informationen, die durchkommen, entweder zu bestätigen oder abzulehnen, wenn möglich mit einem einfachen Ja oder Nein. Die Klienten sind das emotionale Band zu Menschen, die sie gekannt haben und die jetzt in der Geistigen Welt sind. Liebe ist ein ganz wesentliches Element. Liebe braucht das Medium, um erfolgreich arbeiten zu können – das Geistwesen fühlt diese Emotionen und kann, je nachdem, ganz stark davon angezogen werden.

Medialität kann in allen ihren Ausdrucksformen objektiv oder subjektiv sein. Die Frage, ob Klient und Medium gleichermaßen tatsächlich diejenigen wahrnehmen, die im physischen Sinne gestorben sind, oder ob es sich dabei lediglich um eine Vision oder ein Abbild handelt, das bei beiden in ihren Gedanken auftaucht, hat schon zu vielen Diskussionen Anlass gegeben. Für beide Möglichkeiten gibt es Belege. Die Berichte über »Geistersichtungen« überall auf der Welt sind zu zahlreich, als dass man sie einfach ablehnen könnte – vor allem auch, weil diese Beschreibungen immer wieder ähnliche Merkmale aufweisen. Häufig werden die Geistwesen als »leuchtende Gestalt« beschrieben, die »fast durchsichtig erscheint« und immer wieder »schnell verschwindet« (die niedrigere Schwingung aufrechtzuerhalten, wäre für den Geist ebenso schwierig und anstrengend, wie das Erhöhen der Schwingung für das Medium). Was die Leute erleben, wenn sie Geister sehen, ist die spontane Sichtung des Beta (Geist)-Körpers, der in der Tat ein vollständiges Doppel unseres physischen Körpers ist.

Einige Medien, die objektiv arbeiten, sind in der Lage, Einzelheiten von lieben Verstorbenen mit großer Genauigkeit und erstaunlicher Präzision zu beschreiben. Sie werden daher bei öffentlichen Veranstaltungen Medien immer wieder sagen hören, »Ich sehe Ihre Mutter (oder Ihren Vater) neben Ihnen stehen«, um dann mit einer eingehenden Beschreibung fortzufahren. Ich erinnere mich, dass sich einmal bei einer dieser Veranstaltungen eine junge Frau aus der Geistigen Welt meldete, die mir ganz deutlich eine Tätowierung zeigte, die man nicht gesehen hätte, wenn man, drücken wir es mal so aus, diese Person nicht sehr gut gekannt hätte. Ich habe diese Frau nie gekannt, aber für ihren Mann, der im Publikum saß, war es ein großartiger Beweis! Diese Art der Medialität wird objektive Hellsichtigkeit genannt.

Ein subjektiv arbeitendes Medium wird dagegen Sätze sagen wie: »Es fühlt sich wie Mutter an.« Häufig empfangen diese Medien bildhafte Eindrücke, ihre Gedanken werden buchstäblich mit einem Bild beeindruckt. Sie nehmen dabei eher Gefühle und Empfindungen wahr, als dass sie eine genaue Beschreibung des körperlichen Erscheinungsbildes geben können. Mit beiden Methoden lassen sich zahlreiche beweiskräftige Hinweise liefern. Zum Beispiel, wie viele Leute haben ihre Großeltern nicht wirklich gekannt, sondern nur durch die Eltern von ihnen gehört? Es wäre wohl ziemlich sinnlos, eine detaillierte Beschreibung der körperlichen Erscheinung der Person zu geben, wenn der Klient die Person, die sich aus der Geistigen Welt meldet, nie gesehen hat. Aber es wäre durchaus sinnvoll, Einzelheiten im Zusammenhang mit der Person, ihre Wesensart, ihre Persönlichkeit und wie sie ganz allgemein war, jemandem mitzuteilen, der diese Vorfahren nur vom Hörensagen kannte. Aber auch hier sollten die Aussagen nachprüfbar sein.

Medien, die hellhörend arbeiten (in diesem Fall hört das Medium tatsächlich, was die Geistige Welt sagt), sind sehr interessant. Ähnlich wie bei Hellsichtigkeit finden wir auch bei Hellhörigkeit subjektiv und objektiv wahrnehmende Medien. Das berühmteste hellhörende Medium der neueren Zeit war Doris Stokes, die über viele Jahre hellsichtig und hellhörend arbeitete. Obwohl sie in beiden Bereichen ausgezeichnete Fähigkeiten besaß, wurde sie aufgrund der Präzision ihrer Hellhörigkeit berühmt. Doris behauptete, dass sie die Stimmen der Geistwesen tatsächlich hörte. Sie schrieb eine Reihe von Büchern über dieses Phänomen und faszinierte ihr Publikum überall auf der Welt. Ich habe sie einige Male bei öffentlichen Veranstaltungen erlebt, und obwohl jedes Medium sich hin und wieder mit seinen Informationen irrt (wir sind schließlich alle nur Menschen!), war es doch meistens so, dass, wenn Doris zum Beispiel sagte, »Ich habe Ihre Tochter hier und sie sagt mir, dass sie Ruth heißt«, die angesprochene Person nicht nur bestätigte, dass sie eine Tochter in der Geistigen Welt hatte, sondern auch, dass ihr Name tatsächlich Ruth war. Ich zweifle keinen Augenblick daran, dass Doris Stokes objektiv hellhörend war. Diejenigen Medien wiederum, die subjektiv hellhörend sind, werden oft Äußerungen machen wie: »Es klingt so ähnlich wie«, und dann geben sie annähernd den Klang wieder, den ihnen die Geistige Welt eingibt. – Im obigen Fall würde das hellhörende Medium vielleicht sagen: »Der Name Ihrer Tochter klingt so ähnlich wie -mut? -trud?« Was die subjektiv Hellhörenden wahrnehmen, ist zumeist dem sehr ähnlich, was die Geistige Welt übermitteln möchte. Hellhörende Medien können mit außerordentlich verblüffenden Beweisen aufwarten, deren Genauigkeit so erstaunlich ist, dass die Leute häufig andere Erklärungen dafür suchen.

Vor einigen Jahren besuchte ich eine öffentliche Veranstaltung, die John Edward für eine große Gruppe von Führungskräften der Medienbranche und bekannten Persönlichkeiten gab. John sprach plötzlich davon, dass er etwas von einer »Gutenberg Bibel« hörte. Kurz darauf erhob sich eine bekannte Schauspielerin aus dem Publikum und erklärte, dass sie sich während ihrer Flüge häufig auf einem E-Book die Gutenberg-Bibel ansah, um weniger nervös zu sein. Es war tatsächlich so, dass sie direkt vom Flughafen zur Veranstaltung gekommen war und das E-Book in der Tasche hatte. Hätte John gesagt: »Ich höre den Namen Hans oder Maria«, hätte ich vielleicht gedacht, mit diesen Namen können sicherlich viele Leute etwas anfangen, aber er hat ganz eindeutig Gutenberg-Bibel gehört. Wie groß ist die Zufallswahrscheinlichkeit in diesem Fall?

Das hellfühlende Medium arbeitet hauptsächlich über das Spüren und kann tatsächlich Eindrücke von Empfindungen empfangen und gewisse Gefühle der verstorbenen Person spüren. Das ist besonders günstig, wenn es darum geht, über die Todesursache zu sprechen oder wie die verstorbene Person in ihrer Art war. Da ich als Medium eher objektiv arbeite, spüre ich häufig einen kleinen Ruck im Herzen, wenn das Wesen aus der Geistigen Welt bekannt geben möchte, dass es an einem Herzinfarkt oder einem Herzleiden gestorben ist. Es kann auch sein, dass ich vorübergehend Kopfschmerzen bekomme, wenn die Todesursache eine Kopfverletzung war. Subjektiv arbeitende Medien werden sich stattdessen allgemeiner auf die Herzgegend beziehen oder das Gefühl haben, sie müssten den Kopfbereich berühren und ansprechen.

Die Medien, die ihre Medialität am Weitesten entwickelt haben, werden im Allgemeinen mit einer Kombination aus diesen drei Fähigkeiten arbeiten, auch wenn sie sich mit einer der oben angeführten Kommunikationsmöglichkeiten besonders hervorheben.

Einige von uns haben auch Düfte und Gerüche wahrgenommen, die ohne weiteres als mit dem lieben Verstorbenen in Zusammenhang stehend akzeptiert wurden. Meiner Ansicht nach sollte diese Art der Information aber erst dann als Beweis für die Anwesenheit des betreffenden Geistwesens benutzt werden, wenn alle anderen Einzelheiten bereits akzeptiert wurden. Zigarettenrauch ist vielleicht der einfachste Geruch, aber ich habe Medien erlebt, die Lieblingsdüfte und -parfums eines verstorbenen Verwandten mit einzelnen Namen angeben konnten. Das an sich ist noch kein Beweis für ein Fortleben nach dem Tod, aber wenn diese Information zusätzlich zu einer Personenbeschreibung und anderen akzeptierten Einzelheiten, wie zum Beispiel Namen, gegeben wird, kann diese Gabe deutlich machen, dass hier wirklich ein geliebter Mensch zu kommunizieren versucht, der eine bewusste Erinnerung hat und diese übermitteln kann, die wir ohne weiteres mit der geliebten Person in Verbindung bringen.

Weil wir in einer Zeit leben, in der so viele Medien im Fernsehen und im Radio zu sehen bzw. zu hören sind, werde ich oft gefragt, ob jeder Medium werden kann. Ich bin überzeugt, dass wohl jeder von der Disziplin und dem Wissen profitieren kann, das man sich bei dem Besuch von Seminaren und Gruppen aneignen kann, dass aber nicht jeder ein erfolgreiches Medium werden kann oder wird. Die meisten von uns können lernen, eine Melodie zu singen oder auf den Tasten zu klimpern, aber das heißt noch lange nicht, dass daraus gleich ein Pavarotti oder Beethoven wird. Egal wofür wir uns im Leben entscheiden, wir sollten bei all unserem Tun immer das Bestmögliche geben. Ich glaube, dass jede Anstrengung, den Vorgang der Kommunikation mit der Geistigen Welt zu verstehen, nur Gutes bewirken kann. Deshalb finde ich, dass diese Bestrebungen aktiv unterstützt werden sollten. Es würde sicherlich einer größeren Harmonie auf dieser Welt förderlich sein. Gleichgültig welche Grenzen von Rasse, Kultur oder Glauben wir uns auferlegen, wir haben alle Seelen und wir sind alle eins.

Leider meinen einige Medien, ähnlich vielen religiösen Führern und Kult-Gurus, dass das, was sie für sich als richtig und funktionierend erkannt haben, der einzige Weg für alle sei und geben damit den einzigartigen Fähigkeiten und Methoden anderer keinen Raum. Das ist sehr traurig und stiftet große Verwirrung unter denjenigen, die die Lehren der Geistigen Welt zu begreifen versuchen. Überdies ist diese Situation für Zyniker ein wahres Freudenfest. Sie können sich dann nicht verkneifen, selbstzufrieden darauf hinzuweisen, dass Medien, Spiritualisten und andere Religionen immer wieder dazu tendieren, Eigentore zu schießen. Oder wir übermitteln hoffnungsvolle Botschaften von der Geistigen Welt und werden anschließend dogmatisch, indem wir erklären, dass dieses oder jenes der richtige Weg ist. In Wahrheit ist es doch so, wie es eine ganz große Seele und der wichtigste Exponent der Medialität in ihrer höchsten Form bereits deutlich gemacht hat:

> »In meines Vaters Hause sind viele Wohnungen.«
> *Johannes 14,2*

Nur der Schöpfer hat die Fähigkeit, Leben zu schaffen

Als ordinierter Geistlicher bin ich mir bewusst, dass die Bemerkung, Jesus sei ein Medium gewesen, umstritten – und für einige anstößig – ist. Doch nur wenn wir verstehen, wie die kosmischen Gesetze funktionieren, werden wir erkennen, dass das die eindeutigste Erklärung ist für seine geistigen Ämter des Heilens und Lehrens. Damit möchte ich in keinster Weise die Behauptung aufstellen, dass irgendein Medium vor oder nach ihm in gleichem Maße seine Spiritualität entwickelt hätte. Denken wir daran, dass er gekommen ist, uns den Weg zu zeigen. Die meisten vertrauenswürdigen Medien, die ich kenne, würden zusammenzucken bei dem Gedanken, dass ihre Arbeit mit der von Jesus verglichen werden könnte. Und wenn Sie ein Medium treffen, das für sich in Anspruch nimmt, dass seine Arbeit genau diesen Qualitätsmerkmalen entspricht, dann geben Sie schleunigst Fersengeld!

Wenn wir die Bibel durch die spirituelle Brille anschauen und wissen, wie die kosmischen Gesetze funktionieren, dann lassen sich viele der Geheimnisse und Wunder in ihr erklären. Wir begreifen dann, dass die Mauern von Jericho aufgrund starker Schwingungen eingestürzt sind. Als Jesus Lazarus von den Toten auferweckte, ging das nur, weil er als hochentwickeltes Medium sehen konnte, dass die »Silberschnur« noch nicht völlig durchtrennt war. Mit seiner Fähigkeit zur Hellsichtigkeit sah er, dass der Beta-Körper immer noch mit dem physischen Körper verbunden war, und darum war er imstande, Lazarus wieder gesund zu machen, indem er seine überragende heilerische Begabung einsetzte. Wenn die Silberschnur sich schon vom physischen Körper gelöst hätte, wäre eine Heilung nicht möglich gewesen. Nicht einmal ein Meister könnte neues Leben schenken. Das Geschenk des Lebens liegt in der Hand des Höchsten, den einige Gott, andere Allah, wiederum andere Jehova oder Jahweh nennen. Es gibt viele verschiedene Namen, aber alle bezeichnen ein und dasselbe Wesen. Nur der Schöpfer hat die Fähigkeit, Leben zu erschaffen.

Im Alten wie im Neuen Testament ist immer wieder die Rede von Stimmen, Heilungen, Visionen, Sehern, Propheten, Botschaftern und dem Erscheinen von Menschen, die anerkanntermaßen verstorben waren. Lesen Sie nur einmal die Erzählung von den Aposteln im Obergemach[8] und vom ungläubigen Thomas, und lesen Sie anschließend einen glaubhaften Bericht einer Séance mit physikalischen Phänomenen, und dann erklären Sie mir bitte den Unterschied! Lesen Sie bitte das Buch der Offenbarungen, und Sie werden Nostradamus nicht mehr

8. Das Obergemach wird bei der Einsetzung des Abendmahls (Markus 14, 15, Lukas 22,12) erwähnt. Die Apostel trafen sich später wieder im Obergemach (Apostelgeschichte 1,13). Die erwähnte Geschichte mit Thomas steht in Johannes 24–29.

als so merkwürdig ansehen. Lesen Sie den Bericht über Mose und die Zehn Gebote, den Traum des Elia[9]. Überall in der Bibel werden sie Beispiele finden von Hellsichtigkeit, Hellhörigkeit und Hellfühligkeit. Es liegt alles vor unseren Augen, wenn wir es nur richtig lesen – und dafür offen sind.

Wir können ihr sogar entnehmen, dass Entwicklung allen offen steht[10]. Nehmen wir zum Beispiel den Apostel Paulus. Hier handelt es sich um einen Mann, der in seinen jüngeren Jahren so etwas wie ein Söldner war. Und dennoch fuhr er fort »das Licht zu sehen« und wurde ein großer Lehrer. Ich bitte jene, die Medialität für verwerflich halten, noch einmal den Brief des Apostels Paulus an die Korinther[11] zu lesen. Nirgends steht eindeutiger geschrieben, dass die Gabe der Medialität erkannt und geschätzt werden sollte. Ich kann nicht verstehen, wie jemand, der dieses große Werk liest und daran glaubt, die Tatsache eines Lebens nach dem Tod leugnen kann.

Leider gibt es viele, die, aus welchen Gründen auch immer, zu trennen versuchen, anstatt zu einen und einige, die wirklich davon überzeugt sind, dass einzig ihr Weg der Menschheit helfen kann. Kürzlich gab ich an einer höheren Schule auf Long Island, New York, einen Abend

9. Elia wird in 1 Könige 17,1 ff. vorgestellt. Seine Gotteserscheinung am Horeb (1 Könige 19,5–14) und andere Mitteilungen Gottes an Elia werden nicht ausdrücklich als Träume bezeichnet, Boten des Herrn (Engel) erscheinen ihm aber öfter im Schlaf.

10. Dieser Satz bezieht sich auf das letzte der »Sieben Prinzipien des Spiritualismus«, die von der SNU anerkannt werden: Ewige Entwicklung steht jeder menschlichen Seele offen (»Eternal progress open to every human soul.«) A. d. Ü.

11. Speziell 1 Korinther 12,15,35–53.

mit medialen Jenseitskontakten. Die Veranstaltung sollte Geldmittel für die Schule zusammenbringen, aber die Schulleitung war gezwungen worden, eine Verlautbarung zu veröffentlichen, in der sie sich von den Ereignissen des Abends distanzierte. Ein örtlicher Baptistengeistlicher hatte sich schon Wochen vor meiner Ankunft über »diese sündigen Medien und bösen Geister« beschwert. Er ging sogar so weit, dass er Flugblätter drucken ließ und diese vor der Veranstaltung verteilte. Nicht ahnend, dass ich das gottlose Medium war, gab er auch mir eines. Ich bin überzeugt, dass ich meine spirituelle Schulung nicht jemandem anvertrauen würde, der das »Böse« nicht sah, obwohl es direkt vor ihm stand.

Natürlich sind nicht alle Religionen und religiösen Führer so engstirnig. In einer Sitzung hatte ich eine wunderbare Gelegenheit, die Geistige Welt zu befragen, was mit den verschiedenen Religionen und Glaubensrichtungen geschieht, denen wir hier auf Erden anhängen, wenn wir diesen Übergang, der Tod heißt, gemacht haben. Ein Mann war zu mir gekommen, und während der Sitzung meldete sich sein Vater. Von Anfang an nahm ich wahr, und das machte mir ein wenig Sorgen, dass sein Vater in der Geistigen Welt mir deutlich machte, dass er zu Lebzeiten Geistlicher gewesen war. Ich sah ganz klar seine Kleidung. Am Ende der Sitzung fragte ich meinen Klienten, ob er etwas dagegen hätte, wenn ich seinem Vater eine Frage stellte. Er sagte: »Fragen Sie nur.« Meine Frage lautete: »Was geschieht mit den Angehörigen der verschiedenen Denominationen, wenn wir hinübergehen, werden wir alle getrennt, Christen an einem Ort, Juden, Muslime, Hindus, Buddhisten, etc. an anderen Orten?«

Er sagte mir, ich solle in die Ecke des Raumes schauen, in dem wir saßen. Ich kann es nur folgendermaßen beschreiben: Ich sah die Umrisse vieler menschlicher Gestalten, die alle dem Licht entgegengingen. Es schien als ob sie, sobald sie das Licht erreichten, etwas ablegten, ich nahm an, dass es ein Mantel war. »Ist es warm dort drüben? Ziehen sie deshalb ihre Mäntel aus?«, fragte ich vorsichtig und versuchte, diese Vision zu verstehen. Der Geistliche aus der jenseitigen Welt erwiderte: *»Nein, was sie ablegen, sind alle die Ausschmückungen, die der Mensch der einen Wahrheit hinzugefügt hat.«* Er fuhr fort: »Viele der Religionen, die wir auf der Erde kennen, beziehen sich auf physische Dinge (die Speisegesetze der jüdischen Religion, die Verhütungsregeln der katholischen Kirche, und so weiter). Beim Tod lassen wir all diese Dinge hinter uns und nehmen nur das mit, *was der Kern der Wahrheit im Herz der meisten Religionen ist, nämlich die Wichtigkeit unseres Umgangs miteinander.* Die Religionen dieser Welt sind lediglich Landkarten für dieses Leben – Landkarten, die für viele Menschen vonnöten sind und auf die sie vertrauen. Die Geistige Welt betrachtet die Erde als großartige Bildungsstätte, und es gibt in allen Religionen (und auch unter den Menschen ohne Religion) immer wieder Menschen, die herausragen. Das sind die, die Dinge in Frage stellen, offen für alles bleiben und danach trachten, ihre seelische Entwicklung voranzubringen. Aber in allen Religionen gibt es auch welche, die mit dem Fuß aufstampfen und sagen: »›Mein Weg oder kein Weg.‹ Diese Seelen«, erklärte er, »sind diejenigen, die noch sehr viel lernen müssen.«

Mein Klient war sehr beeindruckt, dass sein Vater, der zu Lebzeiten stark dem fundamentalistischen baptistischen Glauben mit seinem »Höllenfeuer und Schwefeldampf« anhing, sich so weit von seiner engstirnigen Sicht der Dinge gelöst hatte. Es entging mir nicht, dass es damals ein Mitglied der Baptistengemeinde gewesen war, der mich aus einer formal organisierten Religionsgemeinschaft weg wies (und mir Obstsaft und Kekse vorenthielt) als ich ein kleiner Junge war, und ich es jetzt mit einem ehemaligen Geistlichen der Baptistengemeinde zu tun hatte, der mir die Essenz aller Religionen erklärte.

Was also hat mir die Geistige Welt alles erzählt?

Wenn du Wissen hast,
lass andere ihre Kerzen daran anzünden.
Margaret Fuller

Meine Arbeit als Medium ist bis heute eine unglaubliche Reise, und ich habe keinerlei Zweifel, dass ich, auch wenn ich schon weit gekommen bin, noch viel lernen kann. Die Ausbildungsgruppen, an denen ich teilgenommen hatte, waren ohne Frage entscheidend für mein Verständnis wie Medialität funktioniert. Aber vor allem die unzähligen Sitzungen im privaten und öffentlichen Bereich, zeigten mir, wie wir letztlich für alle unsere Handlungen verantwortlich sind und folglich auch für die von uns ausgelösten Reaktionen.

Ich bin jemand, der niemals die Aussagen eines anderen einfach für bare Münze nehmen würde, egal, ob dieser andere nun am Leben im ganz körperlichen Sinn ist oder sich aus der Geistigen Welt meldet. Ich habe immer versucht, bei meinen Nachforschungen konsequent zu sein, und mir wurde immer wieder ganz klar gezeigt, dass die Geistige Welt sich in höchstem Maße darum bemüht, mit mir zusammenzuarbeiten und deutliche Antworten zu geben, wenn ich wirklich ernsthafte Fragen stelle.

Meine Fragen entsprangen meiner angeborenen Neugier. Was geschieht zum Zeitpunkt des Todes? Werden Selbstmörder wirklich bestraft? Warum sterben manche so jung? Was wird aus schlechten Menschen? Auf diese und viele weiteren Fragen suchte ich eine Antwort. Aber ich erlebe auch immer wieder Phasen, in denen viele Menschen in diesen Situationen sich intensiv darum bemühen, eine Sitzung bei mir zu haben. Eine Zeitlang nahm ich an, dass einige dieser Menschen miteinander zu tun hatten oder vielleicht meinen Namen an Freunde und Verwandte weitergaben. Da ich aber auf der ganzen Welt unterwegs bin, mich mit Menschen aus unterschiedlichen Kulturen unterhalte und oft mit Leuten zu tun habe, die keine gemeinsame Sprache sprechen, ist mir allmählich klar geworden, dass es sich um eine Art konzertierter Bemühungen von Seiten der Geistigen Welt handelt, nicht nur um meine Fragen zu beantworten, indem sie bestimmte Personen zu mir brachte, sondern dass sie gerade durch die Übereinstimmung der Antworten versuchte, die Wahrheit vielen und ganz unterschiedlichen Menschen nahezubringen.

Eine Zeitlang kamen sehr viele Menschen aus Amerika, Indien, England und anderen Ländern zu mir, die alle offenbar jemanden gekannt hatten, der sich selbst »ins Jenseits befördert« oder Selbstmord begangen hatte, wie dies aus Unwissenheit genannt wird. Ich brauchte eine Weile, bis ich feststellte, dass ich zu jener Zeit nicht nur von Geistwesen belagert wurde, die auf diese Art gegangen waren, sondern dass Leute aus verschiedenen Ländern, die in keinerlei Verbindung zueinander standen, zu mir geführt wurden. Obwohl jede Sitzung einzigartig war und viele individuelle und persönliche Details enthielt, gab es doch bei den meisten einige Gemeinsamkeiten, die ich ihnen im Folgenden darstellen möchte. Es hilft vielleicht auch zu verstehen, was uns die Geistige Welt im Verlauf der Jahrhunderte zeigen möchte. Wenn es irgendjemandem hilft, dessen Ansichten zu diesen Themen sehr eingeschränkt sind, sich einen anderen Standpunkt zu überlegen, dann habe ich mit der Weitergabe dieser Entdeckungen nicht nur die Lektionen gelernt, sondern auch bestätigt, dass das Vertrauen, das die Geistige Welt in mich gesetzt hat, berechtigt war.

Selbstmord

Es kann für meine Leser nicht überraschend sein, dass eine meiner ersten Fragen, an die Geistige Welt lautete: »Was geschieht mit Menschen, die sich das Leben genommen haben?« Das war keine bewusst gestellte Frage von mir, aber nach dem Erlebnis mit meinem Onkel muss der Gedanke irgendwo in meinem Hinterkopf gelauert haben. Wir wissen was die verschiedenen Religionen im Bezug auf diejenigen zu sagen haben, die sich das Leben genommen haben. Nach meiner Erfahrung reicht die Haltung von Mitleid bis zu einer Bestätigung ihrer abgrundtiefen Schlechtigkeit. Ich konnte mir nie vorstellen, dass ein Gott der bedingungslosen Liebe ein Kind, das etwas falsch gemacht hat, schlagen und von sich stoßen könnte. Es scheint geradezu absurd, dass jemand zur Hölle verdammt werden sollte, wo er doch genau in diesem Augenblick nur noch Liebe und Verständnis nötig hätte. Nach Hunderten von Sitzungen, in denen es immer auch um Suizid ging, bin ich zu dem Schluss gekommen, dass die meisten religiösen Institutionen hier in der physischen Welt einer irrigen Ansicht anhängen. Ich kann ihre Haltung gut verstehen – und bin mit ihnen einig –, dass das Leben heilig und kostbar ist. Aber ihre Einstellung zum Suizid ist ein Beispiel für Machtausübung durch Angstmacherei und damit einer jener Fehler, für die die Religionen jetzt zu zahlen haben.

Diejenigen müssten am meisten über den Selbstmord wissen, die ihn persönlich erfahren haben, oder jene, die von ihren Handlungen betroffen waren.

Bedauern die Selbstmörder ihre Tat? In jeder Sitzung zu diesem Thema haben die Kommunikatoren aus der Geistigen Welt diese Frage mit Ja beantwortet, nicht so sehr wegen ihres Schadens, sondern wegen des Schmerzes, den sie denen zugefügt haben, die sie, wie sie jetzt erkennen, aufrichtig geliebt haben. Sie empfinden tiefes Bedauern für Angehörige, Freunde und andere Hinterbliebene auf dieser Welt, deren Schmerz und Verzweiflung sie mit ansehen. Die Geistige Welt hat mir gesagt, dass alle beim Tod ihrer irdischen Hülle von jemandem aus der Geistigen Welt abgeholt werden, und Selbstmörder bilden hier keine Ausnahme. Beim Tod eines Menschen versammelt sich normalerweise eine große Schar auf der anderen Seite, um die Heimkehr dieser Seele zu feiern – es kann ein wundervolles Fest sein. Im Falle eines Suizids hingegen nehmen ein oder zwei liebevolle Seelen, häufig enge Angehörige, die diese Wesen bedingungslos lieben und die bereits drüben sind, sie in Empfang und erklären ihnen, dass sie tatsächlich heimgekommen sind.

Sie sollen aber bitte einen Blick zurückwerfen und sich anschauen, was sie zurückgelassen haben. Und was erblicken sie da? Sie sehen ohne Ausnahme ihre Lieben in großem Schmerz, häufig Eltern und Verwandte, die sich Vorwürfe machen und sich immer wieder fragen, was sie noch hätten tun können. »Wenn wir nur zugehört hätten«, ist ein Gedanke, den sie häufig hören. Auf diesen Schmerz folgt oft Wut – die Geistige Welt nimmt unsere Wut wahr, sie sieht sie als rote Funken, die von uns davonstieben.

Diese Art des Verlustes ist grausam, denn für diejenigen, die noch in ihrem physischen Körper sind, ist es schwer zu verstehen, warum jemand, den sie so gut kannten, den Wunsch haben sollte, sich das Leben zu nehmen. Schließlich ist die Mehrheit der Menschen, egal welcher Glaubensrichtung sie angehören, nicht hundertprozentig sicher, ob es ein Leben nach dem Tod gibt. Trauernde der unterschiedlichen Religionen wird nun erklärt, dass Selbstmord ein verabscheuungswürdiger Frevel ist und dass diejenigen, die eine solche Handlung begehen, in die Hölle kommen. Kein Wunder also, dass derartige Todesfälle über Jahrhunderte hinweg zu solchen Qualen Anlass geben.

Wenn Menschen zu mir kommen, um herauszufinden, was mit ihren Lieben geschehen ist, weiß ich vorher nicht, was sie erfahren wollen. Ich habe allerdings den Eindruck, dass die Geistwesen im Falle eines Selbstmordes sehr stark den Wunsch haben, sich zu melden. Probleme gibt es nur bei den Angehörigen auf der irdischen Ebene. Sie sind es, die ihren Schock, ihre Wut, ihren Schmerz, dieses Gefühl der Sinnlosigkeit und häufig auch unbegründete Schuldgefühle überwinden müssen. Sobald die Geistwesen, die unsere Lieben auf der anderen Seite in Empfang nehmen, ihnen erklärt haben, dass ihre Handlungen wie Pfeile in den Herzen der Angehörigen stecken, sind unsere Lieben begierig darauf, sich zu melden und zu versuchen, ihre Angehörigen wissen zu lassen, dass sie angekommen sind. Aber Trauer und Kummer, Schuld und Wut wirken in der Kommunikation mit der Geistigen Welt wie eine Glaswand – diese Gefühle sind fast undurchdringlich. Zugleich sind sie aber auch notwendige Phasen im Trauerprozess; einem Prozess, der uns gut tut und den wir alle irgendwann einmal durchleiden müssen.

Ich habe immer wieder festgestellt, dass die Person, die zu mir in eine Sitzung kommt, jenes Stadium im Trauerprozess erreicht hat, in dem ihr »nur wichtig ist zu erfahren, dass es dem oder jenem soweit gut geht«. Das ist etwas, das wir in den meisten Fällen erfahren. Nachdem die Geistwesen viele Einzelheiten bekannt gegeben und bewiesen haben, dass sie tatsächlich die Person sind, die sie zu sein behaupten und dass es mit an Sicherheit grenzender Wahrscheinlichkeit ein Weiterleben nach dem Tod gibt, reden sie häufig davon, wie sie die Tränen und die Verzweiflung, die sie verursachen, wahrnehmen und auch die Wut. Sobald wir alle diese Gefühle und Prozesse durchlitten haben, verschwindet zumeist die gläserne Wand und die Heilung beginnt.

Meiner Erfahrung nach gibt es dabei für beide Seiten Heilung. Können Sie sich vorstellen wie das ist, wenn wir einer trauernden Mutter deutlich machen können, dass ihr Sohn nicht zu Hölle und Fegefeuer verdammt wurde, sondern dass er weiterlebt und dass es kein göttliches Strafgericht gibt, außer in der Form seines ehrlichen Bedauerns? Dass er so viel Schmerz verursacht hat und dass seine Taten ihn jener Möglichkeiten beraubten, die er im weiteren Leben gehabt hätte? Diese Mutter kann ihr Leben weiterleben, nicht leichten Herzens, aber sie wird weiterleben ohne Scham- und Schuldgefühle, in dem Wissen, dass es ihrem Sohn gut geht, und er sich in der Geistigen Welt weiter entwickelt.

Es ist eine Tatsache, dass wir uns alle hier auf der irdischen Ebene eingefunden haben, um uns weiterzubilden und zu entfalten. Zum Beispiel indem wir von anderen lernen oder andere unterrichten. Jeder Moment in unserem Leben ist bedeutungsvoll, nichts geschieht rein zufällig, und dennoch haben wir bei all unseren Entscheidungen den freien Willen. Dadurch, dass wir einfach sterben, können wir keineswegs allem entgehen. Wenn wir hier auf Erden die Aufgabe haben, Verantwortung zu lernen, und wir beschließen, dass wir uns davor drücken wollen, könnten wir vielleicht auf die Idee kommen, das tun zu können, indem wir »aus dem Leben scheiden«. Aber so funktioniert es nicht!

Ein weiteres gemeinsames Merkmal der meisten Geistwesen, die sich das Leben genommen haben ist, uns als Nächstes zu erzählen, was sie in der Geistigen Welt machen. Wie oft habe ich die Botschaft gehört: »Sag ihnen, ich arbeite mit Kindern und habe jetzt ganz viel Geduld.« Worauf der Klient zur Antwort gab: »Ist ja auch höchste Zeit, zu Lebzeiten hat er/sie niemals auch nur ein Quentchen davon gehabt!« Oder: »Sag ihnen, ich habe so viel zu tun, es gibt so viel zu erledigen, jeder Augenblick ist eine Überraschung, ich bin glücklich.« Häufig erwidert der Klient dann: »Er hat sich das Leben genommen, weil er das Gefühl hatte, es gäbe für ihn nichts mehr zu tun, niemand brauche ihn, und er fühlte sich unglücklich.« Wenn diese Leute nur gemerkt hätten, dass genau solche Lektionen hier auf der Erde auf sie warteten, dann hätte so ungeheuer viel Schmerz vermieden werden können.

Jeder von uns ist ein Individuum und dennoch sind wir alle miteinander verbunden. Je mehr wir uns damit einverstanden erklären, unser Leben in die Hand zu nehmen und daraus zu lernen, desto besser muss das für die Menschheit als Ganzes sein. Die Geistige Welt hat mir gezeigt, dass kein Mensch das Recht hat, über das Versagen eines anderen zu urteilen. Wir sollten niemanden verdammen, wenn er etwas falsch macht, Angst hat oder keinen Sinn im Leben mehr findet. Zugleich können wir den Selbstmord an sich aber auch nicht einfach stillschweigend dulden. Wenn jedermann seine Lektionen auf Erden lernen würde, egal wie groß oder schwer diese Lektionen auch sein mögen, dann würde die Menschheit, davon bin ich überzeugt, spirituell einen großen Schritt vorwärts machen.

Ich will die Person, die sich dazu entschließt, sich das Leben zu nehmen, nicht verurteilen; aber ich möchte jeden, der eine solche Möglichkeit für sich ins Auge fasst, bitten, sich die Folgen seiner Handlung für andere zu überlegen. Wenn Ihnen wirklich niemand in den Sinn kommt, der durch Ihre Handlung betroffen und getroffen würde, dann möchte ich Sie bitten zu bedenken, dass unabhängig davon, wie groß die Aufgabe ist, vor der Sie stehen, irgendjemand irgendwo darauf wartet zu erfahren, wie Sie mit dieser Situation fertig werden. Berauben Sie nicht sich selbst und auch nicht Ihre Mitmenschen des Vorteils, den Ihre Sachkenntnis im Umgang mit Ihrer individuellen Aufgabe bietet.

Häufig sagt man zu jemandem, der große Schmerzen hat oder dem das Schicksal hart zusetzt: »Ich verstehe, was du durchmachst.« Vielleicht stimmt das ja auch. Aber kann jemand einem anderen ehrlich und wirklich sagen: »Ich weiß, was du durchmachst?« Wie wissen wir – wie können wir wissen – was eine andere Person für Erfahrungen macht? Wir alle gehen mit den Problemen des Lebens auf unterschiedliche Art um, und was für den einen ein unüberwindliches Hindernis zu sein scheint, ist für den anderen eine Herausforderung; was für die einen eine Katastrophe ist, ist für andere nicht mehr als ein Schluckauf. Aber gibt es tatsächlich Situationen, die so unlösbar sind, dass es sich lohnt, dafür auf das große Abenteuer, das wir Leben nennen, zu verzichten? Hinter dem, was dunkel erscheint, findet sich immer Licht.

Mein Geistführer Ramadahn erzählte mir einmal, was die Geistige Welt zu den Herausforderungen meint, mit denen ein Mensch im Laufe seines Lebens konfrontiert wird: *»Eine Auster nimmt eine Irritation wahr und macht daraus eine Perle. Wie viele Perlen kannst du in einem Leben machen?«*

Ich muss gestehen, dass ich in all den Jahren, in denen ich als Medium arbeite, den Umgang mit Eltern, deren Kinder gestorben sind, extrem schwierig und absolut traumatisch empfinde. Obwohl ich keinerlei Erfahrung mit einem Verlust dieser Art habe, haben mich immer Fragen dazu beschäftigt. Warum passiert so etwas? Was für einen Sinn hat ein solch kurzes Leben? Wie grausam kann, egal welcher, Gott sein, der zulässt, dass ein Kind stirbt, wenn es noch so viel vor sich hat, die Hoffnung so groß war und sich alles so viel versprechend angelassen hat? Was ist das für ein Schöpfer, der den Eltern zusieht, wie sie den Kindern ihre bedingungslose Liebe schenken, bloß um ihnen dann einen so katastrophalen Schlag zu versetzen und das Lebenslicht dieser jungen Menschen auszulöschen, ehe man auch nur im Geringsten darauf vorbereitet ist?

Für viele von uns liegt doch der einzige Sinn des Lebens darin, ein langes, gesundes und nützliches Leben zu führen. Wo liegt der Sinn, wenn jemand in jungen Jahren stirbt, bevor er irgendwelche Erfahrungen gesammelt hat? Es ist der Albtraum aller Eltern, das nehmen kompetente und erfahrene Medien sehr schnell wahr. Ich sehe, weil ich eher auf den Beta-Körper achte als auf den physischen Körper, manchmal Narben im Herzbereich der Person, die aus einem bestimmten Grund zu mir gekommen ist. Es ist völlig gleichgültig wie viel Zeit seit dem Tod verstrichen ist, die Narben sind immer da, vor allem wenn Eltern zu mir kommen, deren Kind gestorben ist. Es spielt dabei auch keine Rolle, ob eine Person zu einer

Einzelkonsultation kommt oder ob ich bei einer öffentlichen Veranstaltung in einem Saal vor Tausend Leuten stehe: Die Narben sind immer zu sehen. Das hat mich früher oft beunruhigt, und ich dachte darüber nach: Ist das eine schmerzliche Erfahrung ohne Ende? Kann man sich wirklich von einer solchen Tragödie erholen? Einigen gelingt das nicht, aber viele können zumindest Frieden, Wissen und Verständnis aus den Lehren gewinnen, die die Geistige Welt über das Werkzeug, das als Medium bekannt ist, durchgibt. Für mich ist dieser Teil meiner Arbeit einer der wichtigsten, bereichernsten und spirituell zufriedenstellendsten, und ich fühle jedes Mal eine tiefe Ehrfurcht, wenn ich Menschen mit diesen Narben sehe, oder wie ich sie jetzt nenne, mit diesen Kennzeichen bedingungsloser Liebe.

Eltern mit ihren Kindern in der Geistigen Welt zusammenzubringen, ist, wie schon gesagt, traumatisch für mich. Es hat aber auch sehr zu meinem Verständnis beigetragen, warum wir hier auf Erden sind, und worum es in diesem Leben wirklich geht. In fast allen Fällen habe ich gemerkt, dass sowohl die betreffenden Kinder wie auch die Eltern außergewöhnliche Seelen sind und dass ihre Lektionen sehr stark von einer Lehrer/Schüler-Komponente geprägt sind, aber nicht in der Art wie die meisten Leute sie erwarten würden.

Schon ganz zu Anfang meiner medialen Entwicklung fragte ich mich, warum so viele Menschen in jungen Jahren sterben. Als immer mehr Menschen zu mir kamen, die Derartiges erlebt hatten, bat ich die Geistige Welt um Antworten, die nicht nur meine eigene Neugierde befriedigen, sondern die auch den untröstlichen Eltern helfen sollten. Im Laufe der Jahre habe ich viele tapfere und beherzte Mütter und Väter kennen gelernt, aber in Los Angeles traf ich eine besondere Mutter: Nancy.

Nancy sollte so etwas wie eine Vorkämpferin für meine Arbeit werden. Ursprünglich hatte sie mich aufgesucht, weil ihr Sohn gestorben war. Später erzählte sie mir, dass sie anderen auch gern ermöglichen wolle, den Trost und den Frieden, die sie in den Sitzungen mit mir erfuhr, zu erleben. Es gab jedoch einige unerwartete Schwierigkeiten. Zum einen war Nancy Mitglied des Vereins »The Compassionate Friends« (Die mitfühlenden Freunde), einer Trauergruppe, die auf der ganzen Welt Ortsgruppen hat. Eine der Organisatorinnen von Nancys Gruppe war gegen Medien, da sie befürchtete, dass diese nur falsche Hoffnungen schürten. Zum anderen war da ihr Mann Charles, der einfach nicht akzeptieren konnte, dass eine derartige Kommunikation möglich war, der aber, da er ein zärtlicher und liebevoller Ehemann war, bei allen Sitzungen und öffentlichen Veranstaltungen mit ausharrte. Egal, was ich an Informationen erhielt, und ich muss sagen, dass es mit die besten Beweise waren, die ich je von der Geistigen Welt empfangen habe, Charles ließ sich nie völlig überzeugen. Andere Mitglieder von Nancys Familie waren strenggläubige Juden und wollten auch nicht das Geringste mit Medien zu tun haben. Trotz dieser Schwierigkeiten waren Nancy und Charles die Freundlichkeit in Person mir gegenüber und gegenüber den vielen Eltern, mit denen mich Nancy bekannt machte.

Bei ihr kam alles zusammen: eine Religion, die einen Besuch bei einem Medium streng ablehnte, ein Ehemann, der nicht voll akzeptieren konnte, was für sie wichtig war, und die wichtigste Quelle des Trostes, ihre Trauergruppe, die nicht damit einverstanden war, dass sie mit anderen Mitgliedern darüber sprach, welchen Trost sie in den Kontakten mit der Geistigen Welt gefunden hatte. Aber trotz aller dieser Hindernisse war Nancy eine Mutter, die, als sie erfuhr, dass ihre mitfühlenden Freunde nicht bereit waren, mich oder ein anderes Medium offiziell einzuladen, begann, Gruppenveranstaltungen in ihrem Heim zu organisieren. Diesen kleinen Zusammenkünften ist es zu verdanken, dass mein Name weitergegeben wurde, zuerst im Gebiet von Los Angeles und später in einem größeren Umkreis. Ich fühlte mich Nancy immer ganz besonders verbunden, denn trotz aller Schmerzen und Emotionen, die sie durchlitten hatte, war sie immer fröhlich oder machte irgendeine lustige Bemerkung. Sie tat alles, um Eltern zu helfen, die sie um Rat und Beistand baten. Ich habe von ihr viel über Kraft und Mut gelernt, und das macht es mir möglich, bis zu einem gewissen Grad den Schmerz zu verstehen, den Eltern beim Tod eines Kindes durchleiden.

Darum war ich auch tief betroffen, als Charles mir die Nachricht übersandte, dass Nancy gestorben sei. Ich war immer der Überzeugung, dass wir derselben Seelengruppe angehörten und die gleiche Aufgabe hatten. Nach ihrem Tod stellte ich mir oft die Frage, warum ich nicht früher von ihrer Krankheit wusste. Wie war das möglich, dass ich nichts wusste, und warum hatte sie selbst mir nichts davon erzählt? Ich weiß, dass wir beide mit vereinten Kräften vielen Leuten geholfen haben. Die Geistige Welt erklärt uns, dass es keine Zufälle gibt und dass ein Tod hier auf der Erde eine Geburt ins nächste Leben ist. Nancy ist eine großartige Frau und wunderbare Mutter. Sie starb am 18. Oktober, meinem Geburtstag. Für mich ist das wie eine Bestätigung unserer Seelenverwandtschaft.

Die erste Antwort aus der Geistigen Welt auf meine Frage: »Warum sterben Kinder?«, war ein Gedicht. Zunächst hielt ich es für platt. Es sind nur vier Zeilen und sechsundzwanzig Wörter. Im Laufe der Jahre, nach vielen Sitzungen und wachsendem Verständnis erkenne ich seine Schönheit und Wahrheit, eingefangen durch die große Schlichtheit.

Die Knospe zart, voller Hoffnung und Glück,
Sie kannte nicht Kummer noch Gram;
Die Eltern das Lieben zu lehren sie kam –
Und kehrte zum Himmel zurück.

So wie ich es erfahren habe, sind die Seelen der Kinder, die vor ihren Eltern heimgehen, spirituell hoch entwickelt. In vielen Fällen könnte man sagen: Je früher eine Person stirbt, desto höher ist sie spirituell entwickelt. Diese Kinder kommen, um die Liebe ihrer Eltern voll zum Blühen zu bringen, denn wenn man diese Form der Liebe einmal erlebt hat, kann man sie nie mehr ignorieren. Diese Kinder sind unsere Lehrer. Unsere Seele hat viele Lektionen zu lernen. Gibt es eine größere Lektion als die Liebe? Die Liebe, die so oft zwischen Eltern und ihren Kindern besteht, ist einzigartig, und der Grund, warum viele sich nach einem solchen Tod völlig beraubt fühlen, liegt darin, dass wir nicht fassen können, was wir da erfahren haben, zu was wir fähig sind.

Darum ist unsere Trauer so groß. Ein Kind war nötig, um uns klarzumachen, dass es in Ordnung ist, unsere wahren Gefühle zu zeigen, aber zuerst müssen wir erlebt haben, wie diese Gefühle sind. Immer wieder nehmen wir etwas als selbstverständlich hin, und erst wenn wir es nicht mehr mit Händen greifen können, erkennen wir, wie wertvoll es ist. Wenn Ihnen solches einmal widerfahren ist, dann sind Sie wahrhaftig »von einem Engel berührt worden«.

Niemand, der ein Kind gekannt hat, das in die Geistige Welt zurückgekehrt ist, wird von der übereinstimmenden Äußerung aller überrascht sein, dass die fraglichen Kinder etwas ganz Besonderes waren. Die Eltern bewundern sie, die Lehrer beschreiben sie als aufgeweckt, die Großeltern beten sie an, häufig wirken sie auf andere Leute wie ein Magnet und manchmal scheinen sie »älter als ihre Jahre«. Ihr Leben gleicht häufig einem Stein, der ins Wasser fällt: Sie verursachen ein »großes Aufspritzen« auf dieser Welt und egal, ob ihr physisches Leben lang oder kurz ist, ihr Dasein ist wie ein Wellenschlag, der viele berührt. Als Medium sind sie für mich »alte Seelen in jungen Körpern«.

Wir müssen begreifen, dass, wie immer wir auch empfinden oder unsere Beziehung beschreiben (oft wird zum Beispiel gesagt »mein Sohn« oder »unsere Tochter«), eine andere Person niemals unser Eigentum ist, und Kinder sind da keine Ausnahme. Obwohl dir diese Seele anvertraut wird, wird sie dadurch nicht ausschließlich dir gehören, auch wenn die Liebe, die ihr einander entgegenbringt genau dieses Band formt, das euch für immer verbindet. Eure Kinder in der Geistigen Welt sind euch für immer und ewig dankbar für die Liebe, die sie durch euch erfahren durften. Wir sollten dankbar sein für die vielen Lektionen, die sie uns bereitwillig erteilt haben.

Wiederholt habe ich während einer Sitzung von einem Kind gehört, das an einer schrecklichen oder lang anhaltenden Krankheit gestorben ist; und ich kann mit Sicherheit voraussagen, dass im Verlauf einer solchen Sitzung, nachdem alle Hinweise und Fakten dargelegt worden sind, ein Elternteil oder beide Eltern darauf zu sprechen kommen, wie tapfer ihr Kind war und wie mutig es gegen die Krankheit angekämpft hat. Dabei geht es überhaupt nicht darum, etwas durch eine rosarote Brille zu sehen. Kinder haben von Natur aus keine Angst. Wir Erwachsenen sind diejenigen, die ihnen die Angst anerziehen. Dass Kinder uns diese Mutlektion lehren können, obwohl sie so krank sind; dass sie denen, die sie lieben und für sie sorgen, so sehr vertrauen, und dass sie oft, obwohl die Schulmedizin die Genesungschancen gering einstuft, weiterhin darum kämpfen, dieses Leben zu leben, sollte in uns doch den Wunsch aufkeimen lassen, jede Erfahrung in dem, was wir Leben nennen, durchleben zu dürfen. Sind diese Seelen nicht tatsächlich unsere Lehrer?

Ich bin kein Fatalist. Ich glaube nicht, dass es in der Geistigen Welt festgeschrieben ist, dass im Alter von zehn Jahren dies geschehen wird oder im Alter von fünfzehn jenes und dass alles in unserem Leben vorherbestimmt ist. Ich bin jedoch überzeugt, dass wir alle ein gewisses Maß an Energie zur Verfügung haben, um unsere Aufgabe im Leben zu erfüllen und dass es für uns an der Zeit ist, in die geistigen Bereiche zurückzukehren, sobald wir unsere Aufgabe erfüllt haben. Wenn jemand unser Leben zwar kurz, aber tief berührt, um wie viel größer sind dann die Lektionen? Es ist in unserer Verantwortung, diese Seelen zu ehren, ihre Lehren zu befolgen und in unserem Leben anzuwenden. Auf diese Weise können wir erkennen, dass hoch entwickelte Seelen als Kinder inkarnieren, um uns zu unterrichten.

Ich kann leider nicht mehr sagen, wie viele Sitzungen ich abgehalten habe, in denen »unglückliche Zufälle« die Ursache für das Hinscheiden eines Kindes waren. Ich glaube nicht an solche Zufälle. Es ist wahr, wenn ein geliebter Mensch sterben muss, wären wir gerne bei ihm – vor allem auch bei unseren Kindern, und selbstverständlich würden wir Himmel und Erde in Bewegung setzen, wenn wir dabei wären und es verhindern könnten. Häufig ist die Person in diesen Fällen augenblicklich tot, und die Tatsache, dass das Kind körperlich nicht leidet, kann tröstlich sein. Wir müssen aber daran denken, dass jedes Geschehnis für irgendjemanden lehrreich ist. Die vielen Fälle, in denen Kinder direkt oder indirekt durch die Handlung eines anderen ums Leben kommen, sind in den Augen der Geistigen Welt echte Verbrechen, denn wir sind alle für unser Verhalten verantwortlich. Die Gesellschaft kann solche Verbrecher ihrem Rechtsempfinden nach angemessen bestrafen, doch den wahren Preis müssen die Schuldigen nach ihrem Heimgang zahlen: Sie müssen dann ihren Opfern gegenübertreten und erklären, warum sie ihnen die Erfahrungen dieses Lebens verweigert haben. Die Geistige Welt sagte mir, dass das eine der am meisten demütigenden Erfahrungen ist. Aber die hoch entwickelte Seele wird immer vergeben. Das ist eine weitere Lektion, die uns die hoch entwickelte Seele lehrt – Vergebung.

Der Nazarener war erst dreiunddreißig Jahre alt, als er starb. Ohne Zweifel ist er als hoch entwickelte Seele gekommen, um der Menschheit den Weg zu zeigen, sie zu lehren; und er tat das aus seinem eigenen freien Willen. Er war aber auch der Sohn von jemandem. Gott lässt nicht zu, dass diese Tragödien »rein zufällig« geschehen. Lassen Sie es mich noch einmal klar und deutlich sagen: Wenn Sie von so einer Tragödie berührt wurden, geschah das, weil eine sehr hoch entwickelte Seele wusste, dass Sie so besonders sind, dass es sich für diese Seele lohnte, ihre Energie für Sie einzusetzen; dass Sie auf irgendeine Weise die Lektion der Liebe kennenlernen mussten und dass umgekehrt die Liebe, die diese Seele brauchte, von Ihnen kommen konnte, einem Elternteil, der diese Liebe seinem Kind geben konnte – Sie, Ihrem Lehrer.

Krankheit

Auch das Thema Krankheiten wird in vielen Sitzungen angesprochen. Warum werden wir von Krankheiten und Leiden geplagt? Warum leiden einige mehr als andere?

Ist es lediglich Zufall, dass manche anfälliger für Krankheiten sind als andere?

Wir wissen alle, dass gewisse Verhaltensweisen unsererseits das Risiko erhöhen, uns mit verschiedenen Krankheiten und Leiden anzustecken. Wir können Entscheidungen treffen, die dieses Risiko verringern. Ich bin unterdessen zu der festen Überzeugung gelangt, dass viele unserer Leiden ihren Ursprung in uns selbst haben. Ich möchte damit keineswegs sagen, dass die Menschen bewusst krank sein wollen, aber meine Erfahrungen mit der Geistigen Welt zeigten mir, dass manche Leute eine gewisse Anfälligkeit haben für bestimmte Krankheiten, die warnenden Anzeichen aber ignorieren. Wenn wir doch nur aktiv erkennen würden, was unsere Seele uns mit Hilfe unseres Körpers zu sagen versucht, wir könnten ein erfülltes und gesundes Leben führen.

Die Seele hat eine Aufgabe, und sie kennt die Aufgabe, die sie zu dazu gebracht hat, den physischen Körper zu bewohnen. Wenn die Seele aber merkt, dass der physische oder menschliche Teil in uns nicht an dieser Aufgabe mitarbeitet, dann wird sie krank. Dieses Unwohlsein wird durch eine Reibung oder Spannung zwischen Körper und Geistseele verursacht – wenn der physische Körper nicht bereit ist, die Lektionen mitzutragen, die der Beta-Körper ihm beibringen will. Viele Krankheiten können vermieden werden, und wenn auch unsere Ärzte und Psychiater mit ihrem Wissen helfen können, unseren Körper im Gleichgewicht zu halten, liegt es eigentlich an uns, unsere innere Balance zu bewahren.

Unsere Gedanken und Handlungen sind in jeder Zelle unsere Körpers gespeichert, und wenn wir aufgrund unserer Gedanken und Handlungen vermehrt negative Energie in uns ansammeln, wird sich diese negative Energie irgendwann in unserem physischen Körper bemerkbar machen. Nehmen wir zum Beispiel einen Mann der meint, dass er nur ein Mann sein kann, wenn er seine Emotionen niemals zeigt: Wie oft haben wir nicht schon gehört, dass solche Leute einen Herzinfarkt hatten? Das Herz ist der Sitz unseres emotionalen Selbst, und es ist gut, seine Emotionen zum Ausdruck zu bringen. Lass die Menschen, die dir am Herzen liegen, wissen, dass du sie liebst. Das hilft dir, mit deinen Emotionen umzugehen, aber nicht nur dir allein. Eltern können ihren Kindern beibringen, dass es gesund ist, seine Gefühle zu zeigen. So manche haben nicht das Glück, einen warnenden Fingerzeig zu bekommen, bevor es zum Herzstillstand kommt, aber ich habe es bei vielen erlebt, die einen Herzinfarkt hatten und ihn überlebten, dass sich ihre Einstellung danach radikal veränderte. Warum also warten, bis Sie gewarnt werden? Es geht um die Ausgewogenheit zwischen Körper, Geist und Seele. Unser Denken sorgt dafür, dass dieser Ausgleich klappt. Seien Sie aufrichtig im Denken, dann werden Sie aufrichtig handeln.

Etliche in der Geistigen Welt berichteten mir von ihrer Krankheit – zum Beispiel Krebs. Wir kennen die verschiedenen Krebserkrankungen und ihre Ursachen, aber ich bin überzeugt, dass viele Krebsarten in Tat und Wahrheit in unserem Denken ihren Anfang nehmen. Auch hier wiederum wünscht sich niemand eine derartige Erfahrung, aber einige der negativen Haltungen, die unser Denken produziert, sind tief verwurzelt. Wie viele Leute gehen durchs Leben in der Überzeugung, dass ihnen Unrecht geschehen ist, vielleicht aufgrund einer Scheidung, die sie nie gewollt oder erwartet haben? Menschen, die sich in irgendeiner Art und Weise hintergangen oder verletzt fühlen, leben zwar ihr Leben weiter, weil sie müssen, aber in ihrem Inneren hegen sie einen tief sitzenden Groll. Es kann sein, dass Tage, Monate oder Jahre vergehen, ohne dass wir bewusst daran denken – eine wahrhaft erschreckende Vorstellung. Welche Zeitbombe päppeln wir auf, wenn wir negative Erfahrungen in uns festhalten? Wir sollen unser Leben leben, und nicht in der Vergangenheit verharren, aber wir sollten das ohne Bedauern tun. Selbst aus augenscheinlich ungerechten Situationen können wir etwas lernen. Immer wieder habe ich Botschaften aus der Geistigen Welt bekommen, in denen Menschen, die eine Scheidung durchgemacht haben, gesagt wurde, dass das sicherlich eine unerfreuliche Situation gewesen sein mochte, sie dabei aber eine ganze Menge über sich erfahren haben. Vielleicht haben sie gelernt, dass sie zwar loyal, liebevoll, immer wieder verzeihend und unterstützend waren, aber je nachdem auch ein bisschen naiv? Was ist daran so schlecht? Wenn Sie eine unerfreuliche Erfahrung machen, lernen Sie daraus soviel Sie können, bedanken Sie sich bei der Person, die Ihnen diese Lektion erteilt hat und lassen Sie sie ihren Weg gehen. Mein Geistführer Ramadahn hat mir vor langer Zeit gesagt: *»Schau nicht zurück, du bekommst mental einen steifen Hals.«*

Nicht jeder negative Gedanke mündet in eine Krankheit, aber viele der Situationen, in denen wir uns wiederfinden, haben wir selbst verursacht. Ich kann mich gut an eine ganz wesentliche Lektion für mich erinnern. Im Dezember 1995 brach ich mir das Bein. Es war ein besonders ekliger Bruch, bei dem sowohl Schien- wie Wadenbein des rechten Beins doppelt gebrochen waren. Das passierte, meiner Ansicht nach, zu einem Zeitpunkt, der ungünstiger nicht hätte sein können. Mein Leben verlief gerade sehr hektisch und unruhig, da ich von allen Seiten eingeladen wurde, die Leute lautstark nach Entwicklungszirkeln verlangten – und – heute scheint es lächerlich – es einen regelrechten Wettstreit unter den verschiedenen Medien gab, um die Veröffentlichung von Büchern und die Produktion von Videos. Mich kannte man an vielen Orten, aber ich wurde immer frustrierter, da zwar verschiedene Verlagshäuser an mich herantraten, mich dann aber zugunsten von anderen Medien, die stärker in der Öffentlichkeit standen, übergingen. Ich fand das alles sehr anstrengend, glaubte aber, dass die Geistige Welt andere Dinge mit mir vorhatte, und war der Meinung, dass ich mit dieser Einstellung meine Frustration überwunden hätte.

Erst nach dem Unfall, während eines Gesprächs mit meinen Freundinnen Lilia Logette und Barbara Simons vom Center for Human Development (Zentrum für menschliche Entwicklung) in Florida, kam mir der Gedanke, warum der Unfall notwendig war. Im Laufe des Gesprächs fragte Barbara mich: »Hast du dir das rechte Bein gebrochen?« Ich bejahte. Dann gab mir Barbara eine sehr treffende Analyse dessen, was ihrer Meinung nach passiert war: »In deinem Leben muss es etwas geben, was dich stark frustriert oder etwas, wobei du das Gefühl hast, dass du mit etwas nicht vorankommst. Wie du vielleicht weißt, symbolisiert das rechte Bein, gemäß der ›Spirituellen Harmonie‹, unser Weiterkommen im Leben, während das linke dafür steht, etwas zu Ende zu führen.« Sie hatte Recht, die tiefsitzende Frustration, die ich empfand, weil ich mit meiner medialen Arbeit nicht vorankam, manifestierte sich zuletzt auf der körperlichen Ebene. Ich kann inzwischen sagen, dass ein gebrochenes Bein Ihnen viel Zeit verschafft, um nachzudenken und Dinge in Ordnung zu bringen.

Zahlreich sind die Lektionen, die wir von Krankheiten lernen können, und nicht alle fallen in den Aufgabenbereich der betroffenen Person. Ich habe erfahren, dass es Seelen gibt, die inkarnieren, ihren Lebenszweck voll erfüllen und mit ihrer Art des Übergangs ihren Angehörigen eine phantastische Möglichkeit geben, etwas zu lernen. Das wurde mir nie deutlicher gezeigt als in Los Angeles. Ich gab eine öffentliche Demonstration medialer Fähigkeiten und ein junger Mann aus der Geistigen Welt meldete sich. Seine Mutter und seine Schwester waren unter den Zuhörern, und nachdem verschiedene beweiskräftige Hinweise übermittelt worden waren, u. a. sein Name, hatte ich überall im und am Körper ein ganz schreckliches Gefühl. Ich habe die körperlichen Empfindungen bei den meisten Sterbevorgängen miterlebt, aber diesmal hatte ich das Gefühl, körperlich vollkommen ausgelaugt zu sein, eine Erfahrung, die für mich völlig neu war. Ich fragte mich innerlich, was dieses Gefühl bedeuten konnte? Sofort wusste ich, es war AIDS. Ich fragte die Mutter, ob sie etwas dagegen hätte, wenn ich meine Vermutung über die Ursache des Hinscheidens ihres Sohnes äußerte. Die Mutter erklärte mir, dass sie nichts dagegen einzuwenden hätte, wenn andere es wüssten. Was nun folgte, war eine recht bemerkenswerte Geschichte. Dieser junge Mann war schwul und fast sein ganzes Leben lang hatte irgendein Familienmitglied ihn wegen seines Lebenswandels verurteilt. Als er erfuhr, dass er HIV-positiv war und auch AIDS hatte, gab es niemanden, an den er sich hätte wenden können, denn viele seiner Freunde waren schon gestorben oder zu sehr mit ihrem eigenen Leben beschäftigt. Als seine Familie davon erfuhr, standen alle ohne zu Zögern geschlossen hinter ihm und pflegten ihn bis zu seinem Tod. Es war eine bewegende Botschaft, als er sagte, dass er gekommen sei, um die Hände seiner Mutter zu halten, denn als er die Familie wirklich gebraucht hatte, waren alle für ihn da gewesen. Wenn ich mich richtig erinnere, sagte er: »Meine Familie bestand die Prüfung und ließ Vorurteile und Angst hinter sich. Ich werde ewig dankbar sein für ihre Liebe, und mein Sterben hat ihnen gezeigt, wozu sie fähig waren.«

Es besteht kein Zweifel, dass unsere Gedanken eine Kraft besitzen und dass wir, wenn wir dem Negativen verhaftet bleiben, das Negative anziehen. Wir können uns buchstäblich krank denken. Wenn das stimmt, dann können wir uns aber ebenso gut gesund denken. Ganz sicher ist es einfacher, der Abwärtsbewegung der Spirale zu folgen, wenn uns widrige Dinge widerfahren. Wie oft sagen wir: »Warum das mir? Womit habe ich das verdient?« Die Antwort lautet, dass das wahre du – deine Seele – aus einer derartigen Erfahrung lernen kann. Angesichts einer Krankheit neigen wir dazu, diese zu überspielen, am Boden zerstört zu sein und oder uns dagegen aufzulehnen. Doch wenn wir in der Bibel nachschlagen, können wir dort wunderbaren Rat finden: »… geh in dein Kämmerlein …«[12] »Seid stille und erkennet …«[13] »Das Reich der Himmel ist mitten unter euch …«[14] Alle Antworten auf unsere Leiden tragen wir in uns. Es wäre schön, wenn wir unsere negativen Gedanken und Taten ausmerzen könnten, doch letzten Endes sind wir alle menschlich und bevölkern diese Welt zusammen mit anderen menschlichen Wesen. Es ist dieser menschliche Teil in uns, der sich dessen bewusst sein muss, dass unsere Gedanken die Samen sind, aus denen unsere Handlungen erwachsen. Demzufolge sind wir zumindest teilweise auch für die Reaktionen auf unsere Handlungen verantwortlich. *Sende Liebe aus und sie wird zurückkommen, und ihre Kraft wird überwältigend sein. Sende Hass aus – auch er wird zurückkommen und dich wahrscheinlich außer Gefecht setzen.*

Ich bin überzeugt, dass einige Leute bei der Lektüre berechtigterweise sagen werden: »Ich war nie irgendjemandem gegenüber feindselig eingestellt, noch habe ich eine Verbitterung mit mir herumgetragen, und doch bin ich jetzt krank.« Ich bitte Sie, ein wenig über einige der Redensarten nachzudenken, die wir alle gebrauchen und

12. Matthäus 6,6.
13. Psalm 46,11 (engl. Psalm 46,10. A. d. Ü.).
14. Lukas 17,21: »Denn siehe, das Reich Gottes ist mitten unter euch«.

sich dabei vor Augen zu halten, dass unsere Gedanken in jeder Zelle unseres Körpers gespeichert sind. Haben Sie in der Vergangenheit folgende Samen in Ihr Unterbewusstsein eingepflanzt?

»Das möchte ich gar nicht hören.«

»Ich kann dich nicht mehr ertragen.«

»Das ist mehr, als ich verdauen kann.«

»Ich stehe mit dem Rücken zur Wand.«

»Mein Herz ist schwer.«

»Das bricht mir das Herz.«

»Ich nehme die Verantwortung auf mich.«

»Das ist mir in die Knochen gefahren.«

»In dieser Sache muss ich oft ein Auge zudrücken.«

Alle diese Redensarten und noch viele andere gebrauchen wir tagtäglich, und wenn einige zu Ihren Lieblingsausdrücken gehören, dann werden Sie Probleme haben – denn jedes Mal, wenn Sie etwas Derartiges sagen, verankern Sie dieses Gefühl überall in Ihrem Körper. Wenn Sie bereits ein Problem mit jemandem haben oder vor einer schwierigen Herausforderung stehen, seien Sie still und gehen Sie in sich, erkennen Sie, wo Sie versagt haben, lieben Sie sich und vergeben Sie sich und allen, die Ihnen Kummer und Pein bereitet haben. Schicken Sie ihnen Liebe und Vergebung, sonst geht das Leiden weiter. Wir sollten uns unserer Gedanken bewusst sein und sehen, wie wir sie in Einklang bringen können mit der ursprünglichen Aufgabe unserer Seele. Ich glaube wirklich daran, dass wir auf diese Art und Weise viele der Krankheiten auf dieser Welt auslöschen könnten.

Herausforderungen?

Wie oft sind Menschen mit sogenannten Behinderungen gemieden oder schlecht behandelt worden, nur weil sie in den Augen von jemandem, der sich für »perfekt« hält, »anders« waren. Wenn die Seele inkarniert, wählt sie sich den richtigen Körper für ihren Auftrag. Viele wunderbare Seelen haben einen sogenannten behinderten Körper gewählt, weil er für ihre Lektionen oder Lehren geeignet war. Denken Sie nur an Helen Keller, Beethoven oder Sokrates – alle hatten sie körperliche Gebrechen, doch jede und jeder bewies, dass der Geist – nicht der Körper – solche Herausforderungen überwindet.

Die Einstellung, dass alles, was nicht »physisch perfekt« ist, inakzeptabel sei, ist eindeutig falsch. Diese Lektion erfuhr ich hautnah, als ich ein spiritualistisches Zentrum besuchte, dem eine heilpädagogische Schule angeschlossen war. Eine Frau hatte einen Termin mit mir vereinbart, und sie hatte ihre beiden kleinen Kinder mitgebracht, die ruhig warten sollten, während Mama ihre Sitzung hatte. Die Frau hatte mich noch nie gesehen, und als ich auf dem Weg zu meinem Zimmer an ihr vorbeiging, hörte ich: »Jetzt seid schön brav ihr beiden und wartet auf Mama, denn wenn ihr nicht anständig seid, könnte es sein, dass ihr zur Strafe in einem anderen Leben so sein werdet wie diese armen Kinder da vorne am Ende des Ganges.«

Zu sagen, dass ich fassungslos war, wäre eine Untertreibung. Mit ihr konnte ich keine Sitzung machen. Ich bin auch nicht sicher, ob sie sie wirklich brauchte, stattdessen saßen wir eine Weile beisammen. Ich erklärte ihr: »Mit dieser Aussage verkrüppeln Sie einzig und allein emotional und seelisch ihre Kinder. Sie impfen ihnen mit einem derartigen Unsinn die Angst vor dem Leben ein.«

Wenn jemand eine körperliche oder seelische Behinderung hat, haben Sie dann nicht auch schon bemerkt, dass ein anderer Teil des Körpers oder der Persönlichkeit dieses Defizit wieder wettmacht? Das geschieht, weil die Geistseele vollkommen ist, und auch wenn ein Teil des physischen Körpers nicht funktionstüchtig ist, erstrahlt die Geistseele weiterhin und zeigt ihre Schönheit in stärkerem Maße woanders. Jeder, der schon einmal jemandem mit Downsyndrom begegnet ist, weiß, dass diese mit die liebevollsten Menschen auf der ganzen Welt sind.

Bei einer der erstaunlichsten Lektionen, die mir die Geistige Welt zuteil werden ließ, ging es darum, dass Blinde »sehen« können. Ich war in Deutschland, und zwar in München. Die Frau, die damals alles für mich organisierte, war Ronnie Marmelstein. Sie hatte viel Erfahrung mit Medien, denn sie hatte unter anderem schon Gaye Muir und die phantastische mediale Malerin Coral Polge bei sich beherbergt. Ronnie fungierte auch als Übersetzerin bei meinen Privatsitzungen, denn viele Leute sprachen kaum Englisch. Im weiteren Verlauf des Tages sollte ich noch einen Workshop halten, der zum Teil von der heilenden Kraft der Farben handelte. Ich hatte diesen Workshop schon viele Male gemacht und zerbrach mir bereits den ganzen Vormittag den Kopf, was ich Neues bringen könnte. Um zwölf Uhr verkündete

Ronnie, dass wir vor dem Mittagessen noch eine Sitzung hätten, und als der Mann eintraf, war klar, dass er beim Hinsetzen Hilfe benötigte. Nachdem ich zwei bis drei Minuten lang meine üblichen Erklärungen im Bezug auf meine Arbeit abgegeben hatte, bat ich Ronnie plötzlich, das Folgende zu übersetzen: »Ronnie, bitte sage diesem Herrn, dass mir seine Mutter aus der Geistigen Welt sagt, dass er Farben unterscheiden kann.« Ronnie war höchst überrascht und erwiderte auf Englisch: »Aber Robert, dieser Mann ist blind, und ich weiß, dass er von Geburt an blind ist.« Ich blieb bei meiner Aussage, und da Ronnie eine ausgezeichnete Arbeiterin für die Geistige Welt war, übersetzte sie wortwörtlich was ich zu dem Herrn gesagt hatte. »Natürlich kann ich das«, kam die Antwort. Ronnie und ich schauten einander ungläubig an. Wie war das möglich, dass ein Mann, der von Geburt an blind war, die verschiedenen Farben erkennen konnte. Wir waren beide völlig verblüfft, aber er beantwortete bereitwillig alle meine Fragen und ließ es sogar zu, dass wir ihn »testeten«.

Unverzüglich förderten wir zahlreiche Schals und andere verschiedenfarbige Materialien zutage, und ich gab ihm einen farbigen Stoff nach dem anderen in die Hand. »Rot«, rief er, »das ist das, was ich rot nenne«, und es war rot. Blau, grün, gelb, violett – wir probierten alle aus, und auch als ich es hintereinander zweimal mit weiß versuchte, gab er die richtige Antwort. Ich musste einfach herausfinden, wie das möglich war. Dieser Mann besaß eine sehr liebenswürdige Seele und erklärte mir, dass er tatsächlich nie mit seinen physischen Augen Farben gesehen hatte, aber als er klein war, hatte ihm seine Mutter die Dinge mit viel Liebe und Geduld erklärt, ihm Blumen zum Halten gegeben und ihm gesagt, dass er eine rote Rose oder eine gelbe Osterglocke in den Händen hatte. Im Laufe der Jahre entwickelte er eine Empfänglichkeit für die Schwingungen, die Farben seiner Meinung nach ausstrahlen – das tun sie ja auch tatsächlich. Wie viele von uns nutzen ihre Augen, um die uns umgebende Schönheit wahrzunehmen? Könnten Sie vielleicht Ihre Augen schließen und Farben unterscheiden? Wie viele Dinge nehmen wir nicht wirklich wahr, an jedem Tag in unserem Leben? Das sind die Lektionen, die uns jene Seelen beibringen, die sich einen Körper ausgesucht haben, der als alles andere als »perfekt« angesehen wird. Trotz der körperlichen Unterschiede sind wir alle gleich und die Geistseele kann jede Behinderung überwinden, mit jeder Herausforderung fertig werden.

Religion

Ich habe bereits von der Erklärung der Geistigen Welt erzählt, was mit den verschiedenen Religionen nach dem, was wir Tod nennen, geschieht. An dieser Stelle, da die Schuld für so viele Probleme auf der Welt der Religion zugeschoben wird, möchte ich weitere Lehren der Geistigen Welt über das Thema Religion mitteilen.

Wie schon erläutert, sieht die Geistige Welt Religionen als »Landkarten für dieses Leben« an, vor allem da die zentrale Wahrheit im Kern der meisten Weltreligionen lautet:

»Alles nun, was ihr wollt, dass euch die Leute tun sollen, das tut ihnen auch!«[15] Natürlich hat der Mensch dieser einfachen Wahrheit im Verlauf der Geschichte weitere Worte hinzugefügt, diese verändert und sogar entstellt, um seinem Ego Genüge zu tun; und er hat sich sogar dazu berechtigt gefühlt, weil er es im Namen einer bevorzugten Religion tat. Aber wenn die Religion eine Landkarte bleiben soll, muss sie ein nützlicher Führer sein, der dem Reisenden hilft, sein Ziel zu erreichen. Was ist, wenn frühere Reisende einen großen Umweg gemacht haben oder auch Fehler, sollten wir ihnen dann heute noch blindlings folgen? Mir wird gesagt, dass das Herzstück der Religionen die einfache, erwähnte Regel sein sollte, und dass keine Religion ihre Anhänger sinnlos einschränken dürfte und verhindern, dass sie als Individuen oder als Gemeinschaft wachsen können. Der Zeitpunkt, an dem eine Religion anfängt, Vorschriften darüber zu machen, was erlaubt und nicht erlaubt ist, ist der Zeitpunkt, an dem die Religion letztendlich dem Untergang geweiht wird. Ob es nun Jahre oder Jahrtausende dauert, wenn sich eine Religion nicht spirituell weiterentwickelt, indem sie den auf ihren Wegen Wandernden hilft, die anderen zu verstehen, dann ist sie zum Scheitern verurteilt. Die Geistige Welt erklärte mir auch, dass viele der Probleme, mit denen sich die Religionen in der heutigen Zeit herumschlagen, daher rühren, dass die verschiedenen religiösen Organisationen sich von eben der Spiritualität entfernt haben, die zu ihrer Entstehung geführt hat.

15. Matthäus 7,12.

Das erste Problem in allen diesen Religionen ist, dass Priester, Pfarrer, Rabbis, Mullahs oder irgendwelche religiösen Lehrer oder Führer auf einen Sockel gestellt werden, obwohl die Tatsache, dass wir alle gleich sind, seit jeher ein wesentlicher Grundsatz aller spirituellen Lehren war. Wir wundern uns dann, wenn wir erfahren, dass diese Leute auch nur Menschen sind. Natürlich sollten wir von einem Hirten erwarten können, dass er die Herde führt und dass er sie durch sein eigenes Vorbild führt. Wir haben das Recht, ein gewisses Niveau bei unseren religiösen Führern zu erwarten. Aber wenn sie uns ihre allzu menschliche Seite zeigen, dann darf das nicht als Begründung ausreichen, um die Religion an sich in Bausch und Bogen zu verurteilen, besonders wenn es sich um einen Glauben handelt, der uns etwas bedeutet – die Botschaft ist wichtig und nicht der Botschafter. Wir sollten weder unseren spirituellen Führern blindlings vertrauen, noch unser Gottvertrauen ganz von ihnen abhängig machen. Die Geistige Welt erklärte mir, dass das gleichermaßen für die Religion wie auch für die Medialität gilt.

Das Christentum hat im Laufe seiner Geschichte viele stürmische Zeiten durchgemacht. Es ist ein Leichtes, die verschiedenen Minderheiten unter die Lupe zu nehmen und herauszustreichen, was bei ihnen nicht stimmt. Doch dabei vergessen wir, dass viele christliche Glaubensrichtungen auf der ganzen Welt Gutes geleistet haben. Zu der Zeit, da ich diese Zeilen schreibe, sieht sich die Church of England (die anglikanische Kirche) mit den niedrigsten Besucherzahlen in ihrer Geschichte konfrontiert. Was zu bedauern ist, ich kann mich noch gut an die Zeit erinnern, als der großartige Redner Reverend Billy Graham in London predigte. Ich fand seine Reden sehr spirituell inspirierend, und die Kirche war bis auf den letzten Quadratmeter von dicht gedrängt stehenden Menschen besetzt. Heute könnte sich diese Kirche glücklich schätzen, wenn die Besucher des Sonntagsgottesdienstes zwanzig Nasen zählten.

Auch die katholische Kirche hatte über all die Jahrhunderte hindurch Probleme. Angefangen bei der Inquisition, über den Beistand für flüchtende Nazis bis zu den heutigen entsetzlichen Skandalen um Kindesmissbrauch waren Priester involviert in diese mit wohl schwärzesten Stunden der Geschichte, aber kein Mensch ist frei von Sünde. Allerdings vergessen die Menschen dabei häufig, welche Hilfe, welchen Trost, welche Führung und wie viele gute Taten sie mit ihrer Botschaft vollbracht hat. Ich dachte lange, dass nach einer so wechselvollen Geschichte eine derartige Organisation bald am Ende sein müsste; aber die Geistige Welt hat mir in vielen Sitzungen, in denen Leute beschworen wurden, ihrem Glauben treu zu bleiben, mitgeteilt, dass mit Hilfe von diesen religiösen Organisationen noch viel getan werden kann. Mir wurde gesagt, dass die Herausforderung, die an den Vatikan herangetragen wird, eine Hilfe für einen Großteil der Weltbevölkerung sein kann. Diese Herausforderung soll den Menschen dahin führen, sich wieder dem Wesentlichen der Religion zuzuwenden, sich von allem materiellen Streben zu lösen und zu der Spiritualität zurückzukehren, die ursprünglich von ihr gelehrt wurde. Und diese Spiritualität muss vorgelebt werden.

Für mich ist es daher nicht erstaunlich, dass in Amerika drei der am meisten geschätzten Medien entweder katholisch erzogen wurden oder praktizierende Katholiken sind. Was mich dagegen überrascht, ist, dass sich die katholische Kirche nicht zu ihrer Medialität äußert. Könnte es sein, dass das Wissen, das so lange in den Gewölben des Vatikan begraben war, dasselbe Wissen ist, das diese und viele andere Medien immer wieder demonstrieren: Nämlich, dass es keinen Tod gibt und dass die sogenannten Toten mit Hilfe von Leuten, die Medien genannt werden, mit uns kommunizieren? Zuzulassen, dass dieses Wissen in weiten Kreisen bekannt wird und keine Kontrolle über diese Medien zu haben, würde bedeuten, dass die Organisation Kirche die Kontrolle über ihre Anhänger verliert. Ich habe die Geistige Welt gefragt: Warum hat es die Kirche versäumt, ihre Erkenntnisse bezüglich der Medialität zu veröffentlichen? Und jedes Mal die gleiche Antwort erhalten: Mit und ohne Unterstützung irgendwelcher religiöser Organisationen wird die Geistige Welt weiterhin das Ziel verfolgen, alle Menschen in dem Wissen zu unterweisen, dass es ein Leben nach dem Tod gibt und dass dies mit Jenseitskontakten gezeigt werden kann. Ich bin inzwischen überzeugt, dass die christliche Kirche als Teil ihrer eigenen karmischen Reinigung viele Anhänger und Mitglieder hat, die um die heilende Kraft der Geistigen Welt wissen und die heute mehr denn je den Wunsch haben, die Wahrheit zu erfahren.

Eine Rückkehr zur Spiritualität ist für alle Religionen wichtig, doch wenn wir diesen Weg zurück gehen, sollten wir uns auch bewusst machen, dass das Christentum auf Tatsachen gründet und nicht auf Glaubensmeinungen.

Im Laufe der vielen Jahre meiner Tätigkeit als Medium haben mich die Menschen immer wieder gefragt, ob ich je mit so erleuchteten Seelen wie zum Beispiel Jesus in Kontakt war. Ich muss gestehen, dass ich nie direkten Kontakt hatte. Aber ich habe meinen Helfern und geistigen Führern viele Fragen gestellt und ihre Erklärungen haben mir ungeheuer weitergeholfen.

In meiner Kindheit habe ich sehr gern in der Bibel gelesen. Es war ein Buch voller Wundergeschichten, und ich neigte dazu, sie einfach zu akzeptieren, wie viele andere Leute das auch tun. Doch mit der Zeit begannen mich einige der biblischen Erzählungen zu verwirren. Vieles von dem, was wir dem Mann namens Jesus zuschreiben, hat mit Ereignissen zu tun, die sich erst nach seinem Tod zutrugen. Hätte das Christentum diese zweitausend Jahre überlebt, wenn die Ereignisse, die in Zusammenhang mit diesem Mann gebracht wurden, obwohl sie sich erst nach seiner Kreuzigung ereigneten, nicht aufgezeichnet worden wären? Ich glaube es nicht.

Vor seiner Kreuzigung war Jesus von einem seiner Jünger betrogen worden, einer hatte sich als Verräter erwiesen und alle anderen waren davongelaufen und hatten sich versteckt, gerade, als ihr Führer sie am meisten brauchte. Das Christentum war vollkommen in Verruf geraten. Nicht einmal jene Männer, die Anhänger der ersten Stunde waren, glaubten noch daran.

Und doch waren es die Ereignisse nach Jesus sogenanntem Tod, die ebendiese Anhänger dazu veranlassten,

Apostel zu werden und das Wort jenes Mannes weiterhin zu verbreiten, der gekommen war, den Weg zu weisen. Die Tatsache, dass sie ihren Anführer noch nach seinem Tode sahen, dass er aus dem Leben, das diesem Leben folgt, erschien und fortgesetzt sein Überleben unter Beweis stellte, machte aus den Jüngern eifrige Apostel. Mit der Erzählung von der Begegnung im Obergemach haben wir einen klaren Bericht darüber, dass Jesus vor den Augen seiner Jünger Gestalt annahm und dass der ungläubige Thomas aufgefordert wurde, ihn sogar zu berühren und somit jeden Zweifel zu beseitigen. Angefangen bei seinem ersten Erscheinen vor Maria Magdalena über die zahlreichen nachfolgenden Berichte legt die Bibel Zeugnis davon ab, dass die sogenannten Verstorbenen den physischen Tod überleben.

Unfassbar erscheint es mir, dass Leute, die diese Lehre anerkennen, oft die ersten sind, die Medien ablehnen. Häufig zitieren sie das alte Testament, manchmal Mose[16], wo es heißt, dass paranormale Phänomene abzulehnen sind. Wenn das tatsächlich so ist, dann hat sich Mose über seine eigenen Verbote hinweggesetzt; denn heißt es nicht auch in der Bibel, dass Mose gemeinsam mit Elia erschien und im Gespräch mit Jesus gesehen wurde[17]? Mose und Elia waren damals ganz offensichtlich schon seit vielen Jahren tot. Uns wird heute gesagt, dass die Jünger nicht notwendigerweise auf Grund ihrer Bildung, ihres vorbildlichen Charakters oder ihrer Berufung ausgewählt wurden. Die meisten von ihnen waren einfache

16. Zum Beispiel Deuteronomium 18,10–11.
17. Matthäus 17,3.

Männer, bei denen Jesus die Möglichkeit einer spirituellen Weiterentwicklung sowie die Gabe der Medialität sah. Ich glaube, dass es heute ähnlich ist, die sensitiven Fähigkeiten wie auch die medialen Anlagen sind nicht notwendigerweise mit Intelligenz, religiösem Eifer oder einer gehobenen gesellschaftlichen Stellung verbunden. Nachdem sie den Beweis erhalten hatten, dass Jesus weiterlebte, waren diese zwölf Männer für immer verwandelt; wie auch heute jemand für immer verwandelt ist, der einen echten Beweis für das Fortleben eines von ihm geliebten Menschen nach dessen Tod bekommen hat. Das Wissen, der Trost und die Heilung, die mit dieser Erkenntnis Hand in Hand gehen, ist mit der Erfahrung des Saulus auf dem Weg nach Damaskus zu vergleichen. Und obwohl Saulus in den Augen vieler ein Söldner war, wurde er nach seiner paranormalen Erfahrung zu Paulus, dem großen Verfechter des Christentums.

Ich habe von der Geistigen Welt erfahren, dass das Christentum seine Existenz den Aussagen verdankt, die aufgrund paranormaler Erscheinungen gemacht wurden. Die christliche Kirche könnte, falls sie zu ihren eigentlichen spirituellen Wurzeln zurückkehrt, dieses Wissen einsetzen, um den Beweis zu liefern, dass es keinen Tod gibt. Das kann auch durch die Arbeit, die die Medien leisten, gezeigt werden. Ich habe nicht den geringsten Zweifel, dass viele, die zum kirchlichen Amt berufen sind, die Fähigkeit haben, ihre medialen Gaben zu entwickeln. Wenn die Kirche diesen Weg verfolgte, wäre die Welt ein hellerer Ort. Das ist auch der Grund dafür, wie mir die Geistige Welt sagt, dass viele Menschen der verschiedensten Religionen ermutigt und vorbereitet werden oder ihre medialen Fähigkeiten bereits demonstrieren. Wenn das gute Beispiel aus den eigenen Reihen kommt, dann wird sich die Wahrheit nicht bis in alle Ewigkeit leugnen lassen. Bei vielen fähigen Vertretern der Geistlichkeit überall auf der Welt und in allen Religionen sehe ich Zeichen von Medialität, Hellsichtigkeit, Hellhörigkeit und Geistigem Heilen. Unter ihnen finden sich auch die wirklich guten Berater.

Ich bitte alle, erneut Kapitel 12 im ersten Korintherbrief des heiligen Paulus zu lesen, wo er die »Geistesgaben« aufzählt und die Erklärung abgibt »will ich euch nicht in Unkenntnis lassen«; und erklären Sie mir dann den Unterschied zwischen der »Unterscheidung der Geister« und der Medialität.

Für die vorstehenden Aussagen habe ich mich intensiv mit den Religionen beschäftig. Einige Leser können vielleicht den Eindruck bekommen, dass ich ganz bewusst die Irrtümer der christlichen Kirche aufgezählt habe. Ich bin nun mal der festen Überzeugung, dass wir zuallererst unser eigenes Haus in Ordnung bringen müssen; aber auch andere Religionen sind ähnlich in die Irre gegangen. Obendrein hat mangelndes gegenseitiges Verständnis der verschiedenen Religionen untereinander zu unendlich viel Schmerz und Leid auf dieser Welt geführt. Wenn ich schreibe, dass die christliche Kirche vom Weg abgekommen ist, muss ich auch sagen, dass andere Glaubensrichtungen in einigen Fällen den Weg vollkommen verfehlt haben.

Der Heilige Koran ist ein ebenso guter Wegweiser für die Anhänger von Mohammed wie jedes andere Buch, das spirituelle Führung bietet. Auf seinen Seiten findet sich so manch vertraute Lehre, doch in den Händen einiger weniger Fanatiker ist er dazu benutzt worden, eine Minderheit seiner Anhänger zu Marionetten zu machen. Religiöse Führer, die ihr Wissen einsetzen, um ihre Anhänger anzustiften ruchlose Taten zu vollbringen, sind wahrlich schlechte Menschen; aber jeder Mensch, der wegen irgendjemand anderem seinen freien Willen opfert, hat die Lehren der großen Meister nicht begriffen. Die Kämpfer, denen von ihren Anführern das »Paradies« versprochen wird, wenn sie Verbrechen begehen, kann ich nur warnen. Hier die Aussagen der Geistigen Welt zu dem hinterhältigen Anschlag auf das World Trade Center, die ich in meinen vielen Sitzungen erhalten habe: da gab es kein »Paradies« für die Täter. In jedem einzelnen Fall mussten sie jenen gegenübertreten, die sie ermordet hatten und ihre Taten erklären, eine höchst demütigende Erfahrung, wie mir gesagt wurde. Ein junges Opfer dieser Tat stellte mir auf einer öffentlichen Veranstaltung, die ich kürzlich gab, folgende Frage: »Wenn die religiösen Lehrer, die diesen Unsinn vom Paradies all jenen verkaufen, die bereit sind, ihr Leben zu opfern, wenn diese Leute wirklich wissen, dass sie die Wahrheit sagen, warum sind sie dann nicht bereit, die Tat selber zu begehen?«

Um hier nicht missverstanden zu werden, möchte ich doch sagen, dass ich auf meinen vielen Reisen festgestellt habe, dass der größte Teil der Muslime friedlich, liebevoll und aufrichtig ist, die Fanatiker machen nur einen kleinen Prozentsatz aus. Es ist der Wunsch der Geistigen

Welt, dass auch die muslimischen Glaubensbrüder Ordnung in ihrem Haus schaffen und wieder zu der Spiritualität ihrer Anfänge zurückkehren. Wir tragen unsere Verantwortung als Individuen und füreinander.

Das Haus David versetzt mich immer wieder aufs Neue in Erstaunen – diese Weisheit, dieses Wissen, diese reiche Erfahrung um die großartigen Gaben, aber auch um die Fähigkeit des Menschen, die Tiefen der Unmenschlichkeit auszuloten. Ich habe bei vielen Gelegenheiten gefragt, warum das jüdische Volk über Jahrtausende hinweg zur Zielscheibe für schlechte Behandlung und Verleumdung auserwählt war. Jedes Mal bekam ich die gleiche Antwort: Weil es Zeuge war so vieler Schrecknisse und soviel Entbehrungen erfahren musste, wird das Haus David eines Tages mit Empathie und durch die wahre Anwendung der jüdischen Religion die Welt zum Frieden führen. Das ist die spirituelle Herausforderung, der sich diese Glaubensgemeinschaft wie auch wir alle gegenüber sehen.

Mein Geistführer Ramadahn hat mir viel über die Religionen erzählt, aber sein Satz: *»Der Prüfstein für jede einzelne Religion ist die viel beschworene Akzeptanz anderen Religionen gegenüber«*, sollte sich jedes religiöse Haus auf die Fahnen schreiben.

Haustiere

Seit es den Menschen gibt, hat er sich mit Begleitern aus dem Tierreich umgeben. Ich bin schon oft gefragt worden: »Leben unsere Haustiere auch nach dem Tode weiter?« Ich kann diese Frage mit einem deutlichen *Ja!* beantworten und war schon vielfach Zeuge, wenn klare Beweise geliefert wurden. Zum einen habe ich viele öffentliche Auftritte von Medien erlebt, bei denen die unterschiedlichsten verstorbenen Haustiere mit ihren ehemaligen Besitzern zusammengebracht wurden. Manchmal geben die Medien eine genaue Beschreibung des Tieres, andere wiederum können die Namensschildchen am Halsband lesen oder die Medien erhalten Hilfe von ihren Geistführern und Helfern. Wenn unsere Haustiere diesen Übergang, den wir Tod nennen, erfahren, erwerben sie dadurch nicht plötzlich die Fähigkeit, unsere Sprache zu sprechen. Sie behalten aber ihre Fähigkeit zu kommunizieren.

Eines Tages kam eine Frau für eine Sitzung zu mir; wie immer hatte ich keine Ahnung, welche Gründe und Bedürfnisse Anlass dafür waren. Nachdem ich etwa zehn, fünfzehn Minuten lang mit ihren Angehörigen kommuniziert hatte, bemerkte ich plötzlich einen Hund im Raum. Ich beschrieb so gut es ging den Hund, worauf die Dame sichtbar gerührt war und mir erklärte, dass dieser der eigentliche Grund für ihre Sitzung war. Sie wollte einfach wissen, dass es ihrem treuen Begleiter gut ging. Selbst als ich ihr eine Beschreibung des Hundes sowie seinen Namen gegeben und ihr von seinem Zustand zum Zeitpunkt des Todes berichtet hatte, wollte die Klientin einfach nur wissen, dass er gut aufgehoben war und in Frieden.

Genau an diesem Punkt – ich hielt gerade kurz inne – hörten wir beide das unverkennbare Bellen eines Hundes. Zur Erklärung, die Sitzung fand in einem Raum im obersten Stock eines Hotels statt, Hunde waren dort nicht gestattet, und ich kann Ihnen versichern, dass ich zur Tür rannte, um zu schauen, ob jemand auf dem Korridor war. Bei meiner Rückkehr fragte ich die Klientin: »Haben Sie etwas gehört?« »Ja«, erwiderte sie und meinte, dass während der ganzen Sitzung, das Kassettengerät auf Aufnahme geschaltet war. Wir stellten das Gerät ab, spulten zurück und genau an dem Punkt, an dem ich eine Redepause eingelegt hatte, war deutlich das Bellen eines Hundes zu vernehmen. Die bedingungslose Liebe der Besitzerin für ihren Hund, war, so glaube ich, so vollkommen, dass die Geistige Welt entschied, ihr deutlich hörbar zu machen, dass ihr Hund tatsächlich den Tod überlebt hatte.

Meine Aufgabe ist es in diesen Momenten, die Energie, die wie bereits früher erwähnt Ektoplasma genannt wird, zur Verfügung zu stellen. Das ermöglicht es den geistigen Helfern vorübergehend einen »geistigen Kehlkopf« aufzubauen, der es uns erlaubte, den Hund bellen zu hören. Ich bin dieser Klientin unendlich dankbar. Sie gab mir nicht nur die Erlaubnis, unsere Erfahrung anderen mitzuteilen, sie kopierte auch das Band für mich. Es ist für mich, neben einem Ring, der Lord Byron gehörte, einem Kreuz, das ich von einem der weltbesten Medien bekommen habe, und einer silbernen Glocke, die Sir Arthur Conan Doyle in einigen seiner Séancen benutzte, mit eines meiner liebsten Besitztümer. Das Band ist ein hörbarer Beweis für die Kraft der Liebe und der Geistigen Welt.

Für einige Menschen ist der Verlust eines Haustieres ebenso emotional schwierig wie der Verlust eines Kindes, und es hilft den Trauernden überhaupt nicht, zu sagen: »Unsinn, ein Haustier zu verlieren ist nicht das gleiche, wie sein Kind zu verlieren. So traurig der Verlust eines geliebten Hundes auch sein mag, wie kann man diese beiden Dinge miteinander vergleichen?«

Wir sollten uns immer vor Augen halten, dass viele kinderlose Ehepaare oder auch einsame Menschen ein Haustier haben, das den Platz eines Kindes einnimmt. In diesen Fällen ist die Liebe, die geschenkt wird, die gleiche, und der Verlust der physischen Gegenwart des Tieres ist so spürbar wie der Verlust eines Kindes.

Ich glaube, wir können eine Menge vom Tierreich lernen. Ja, ich bin der Meinung, dass auch die Tiere eine von Gott gegebene Möglichkeit sind, um die Lektion der Verantwortung zu lernen. Haustiere wie Hunde und Katzen haben über all die Jahre die meisten Beweise für ihr Weiterleben geliefert. Gelegentlich konnte ich Pferde beschreiben, in einem Fall sogar eines einschließlich der Blesse auf seinem Kopf und seines Namens (dessen Schriftzüge mir auf die Decke geschrieben gezeigt wurden, mit der das Pferd bedeckt war). Wie beim Menschen, bei dem das Bewusstsein des Einzelnen nach dem Tod weiterlebt, ein Bewusstsein, das Persönlichkeit und Charakterzüge zeigen kann sowie ein Erinnerungsvermögen besitzt, so ist es auch bei unseren Haustieren.

Anscheinend entwickelt oder erwirbt das Tier deutliche Charaktereigenschaften bei einer engen Verbindung zwischen Mensch und Tier. Jeder Tierliebhaber sagt, dass sein Liebling eine eigene Persönlichkeit hatte. Es ist als ob die Liebe, die Zuwendung und Freundschaft, die wir diesen Tieren schenken, ihnen helfen würden, fast »menschlich« zu werden. Sie wiederum geben uns eine wunderbare Lektion in bedingungsloser Liebe. Unsere Haustiere entwickeln durch ihren engen Kontakt mit Menschen einige menschliche Züge. Sie können Liebe und Intelligenz zeigen, Freude, Abneigung und Furcht. Sie können eine eigene Persönlichkeit entwickeln, und es ist diese Persönlichkeit, die nach dem physischen Tod weiterlebt. Durch ihren engen Kontakt zum Menschen sind sie in der Lage zu zeigen, dass sie als Individuen überleben.

Der Schlüssel für jede Kommunikation ist die Liebe.

Reinkarnation und das karmische Gesetz

Beweiskräftige Hinweise darauf, dass der Mensch nach seinem physischen Tod als intelligentes und bewusstes Individuum weiterlebt, sind meiner Ansicht nach inzwischen reichlich erbracht und gut dokumentiert worden, und ich finde diese Beweise unanfechtbar. Doch wenn ich mich dem Thema Reinkarnation zuwende, komme ich in Bedrängnis. Zunächst einmal habe ich bei all den Tausenden Kontakten mit der Geistigen Welt nie irgendeinen Hinweis dazu erhalten, dass der Mensch wiedergeboren wird. Damit möchte ich sagen, dass mir kein Individuum je Botschaften, Informationen oder Beweise übermittelt hat, für die nicht auch eine andere Erklärung als die der Reinkarnation möglich gewesen wäre. Und trotzdem glaube ich weiterhin an Reinkarnation.

Die Geistige Welt hat mir immer und immer wieder gesagt, dass wir die meisten Menschen, die wir auf Erden gekannt haben, nach dem Tod in den Geistigen Gefilden wieder treffen. Das heißt, dass sich unsere Großeltern oder sogar Urgroßeltern, ja manchmal noch weiter zurückreichende Generationen, in der Geistigen Welt treffen und beisammen sind. Wenn das so ist, und wir erhalten deutliche Hinweise, dass sie in der Geistigen Welt sind, dann können sie ganz klar nicht reinkarniert haben.

Und doch spricht ganz vieles für die Reinkarnation. Allerdings laufen die Dinge dort aus dem Ruder, wo Menschen eine grundlegende Wahrheit annehmen und sie verdrehen. Ich kann gar nicht sagen, wie viele ich schon getroffen habe, die meinen, Kleopatra gewesen zu sein, oder die glauben, dass sie in einem früheren Leben irgendein bejubelter Pharao waren. Ich gebe ihnen meist die stereotype Antwort: »Bleib auf dem Teppich! Wenn alle etwas dergleichen waren, wer hat dann die Pyramiden gebaut?« Zumeist dient die Identifizierung mit einer solch erhabenen Seele als Trostpflaster für ein ödes gegenwärtiges Leben.

In letzter Zeit werden sehr viele Kurse angeboten, in denen man »entdecken« kann, wer man ist, beziehungsweise war. Ich sehe es als Problem an, dass wir laut Aussagen der Reinkarnations-Kursleiter die Summe alles dessen sind, was wir einmal waren. Logischerweise können wir die Vergangenheit nicht verändern; welchen Sinn macht es also, sich in einer Person wiederzuerkennen die vor langer Zeit gestorben ist. Wenn das dazu beitrüge, besser zu verstehen, dass wir viele Leben gelebt haben, um

Erfahrungen zu sammeln, damit unsere Seele wachsen kann, dann wäre das eine Bestätigung dafür, dass wir ewig leben; und ich könnte dem ohne weiteres zustimmen. Wie aber kann man beweisen, dass man jemand anderer gewesen ist? Niemand hat mir bis heute einen derartigen Beweis geliefert. Die Berichte, die ich gelesen habe, sind oft nicht beweiskräftig, mit Ausnahme vielleicht der Bloxham Tonbandaufnahmen. Diese Bänder wurden von Arnold Bloxham aufgenommen, während er Klienten mit Hilfe von Hypnose in Trance versetzte. In einem Fall berichtete eine Frau, die sich einer durch Hypnose eingeleiteten Rückführung unterzog, von einem früheren Leben in einer Stadt. Erst nachdem eine archäologische Ausgrabung gezeigt hatte, dass die von ihr geschilderten Vorkommnisse sich tatsächlich in der Stadt ereigneten, wurde sie bestätigt. Die Frau konnte sich an einen Namen erinnern, der in keiner der bekannten Aufzeichnungen zu finden war, er kam erst in der Ausgrabung ans Tageslicht, nachdem Dreck und Schutt von Hunderten von Jahren entfernt worden waren. Bloxham hat viele derartige Erfahrungen aufgezeichnet.

Ich habe jedoch den Eindruck, dass die meisten solcher Erfahrungen, die als vergangene Leben angesehen werden, eigentlich in den Bereich von »Déjà-vu-Erlebnissen« fallen.

Es ist ein bekanntes Phänomen, dass, kommen wir an einen neuen Ort, an dem wir noch nie waren, wir oftmals den Eindruck haben, schon einmal dort gewesen zu sein. Ich habe auf meinen Reisen viele verschiedene Städte besucht; und ich habe oft erlebt, dass ich auf einem Platz oder an einem Bahnhof stand und gewusst habe, was ich entlang einer bestimmten Straße finden würde. Ich wusste, welche Geschäfte oder Gebäude dort standen; und mehr als einmal wusste ich sogar, wie die nächste Straße hieß. Für manche wäre das sicherlich ein Hinweis auf eine Erfahrung in einem früheren Leben, aber ich denke, dass damit lediglich die Berichte von Astralreisen bestätigt werden. Astralreisen finden statt, wenn wir ohne Zuhilfenahme unseres Körpers bewusst oder unbewusst verschiedene Orte aufsuchen. Häufig geschieht das im Schlaf, und die meisten Leute haben keine bewusste Erinnerung an derartige Geschehnisse. Einige Kursleiter bieten Kurse für Astralreisen an, sie geben den Lehrenden Anweisungen und Begleitungen für Astralreisen. Wenn wir uns aber vor Augen halten, dass der Beta-Körper durch eine feine Silberschnur mit dem physischen Körper verbunden ist, und diese Silberschnur ganz leicht durch unerwartete Geräusche oder Erschütterungen beschädigt werden kann, würde ich niemanden bewusst zu Astralreisen raten, es sei denn, er ist sehr erfahren darin. All jenen, die sich für das Thema interessieren, empfehle ich das Buch *Soul Traveller* von Albert Taylor. Wir schlafen jede Nacht, und es gibt so viele Berichte über Astralreisen, dass es heutzutage schwierig wäre, diese alle als Höhenflüge der Phantasie abzutun. Mein Gefühl sagt mir, dass die meisten von uns schon astral gereist sind – ich habe jedenfalls eindeutig mehr Vertrauen in die Berichte von astralen Reisen als in alle Reinkarnationsgeschichten.

Ein anderer Grund, warum ich Reinkarnationsberichte in Zweifel ziehe, ist für mich das, was ich in meinen

Sitzungen gehört habe. Die meisten Geistwesen berichteten mir, dass sie kaum gewillt sind, wieder in diese Welt zurückzukehren. Wir haben jedoch diese erstaunliche Gabe, die wir freien Willen nennen, und ich bin überzeugt, dass genau deshalb einigen die Möglichkeit geboten wird, freiwillig zu reinkarnieren. Reinkarnation ist in meinen Augen nicht etwas, das automatisch und zwingend geschieht, sondern vielleicht eine Möglichkeit, die den einzelnen Seelen zur Entscheidung frei steht.

Meiner Meinung nach unternehmen wir diese Astralreisen oder auch andere Reisen in unserem Leben nicht leichtfertig. Aufgrund der Berichte derjenigen, die in die geistigen Gefilde eingegangen sind, schreiben wir, bevor wir hier auf die Erde kommen, etwas Ähnliches wie einen »persönlichen seelischen Lebensplan«. Mit dem Wissen darüber, welche Erfahrungen unsere Seele machen muss, können wir uns auf unseren wichtigsten geistigen Führer und andere erleuchtete Seelen verlassen, die uns nach bestem Wissen und Gewissen helfen, diesen Plan zu erstellen. Wenn wir auf die Welt kommen, haben wir keine bewusste Erinnerung mehr an diesen Plan, aber uns wird das wunderbare Geschenk des Lebens und des freien Willens gemacht. Ich bin auch der Überzeugung, dass wir genau das Maß an Energie zur Verfügung haben, das wir brauchen, um unseren Plan zu Ende zu führen. In diesen Plänen oder Listen heißt es nicht »mit zwanzig muss ich dies oder jenes tun«, oder »mit fünfunddreißig muss ich das und das erreicht haben«, oder, dass ich alles im Alter von fünfzehn oder neunzig vollbracht haben muss. Es handelt sich um Grundsätzliches, was für die

Fortentwicklung unserer Seele nötig ist. Vielleicht haben wir einen Plan erstellt, der Themen wie Liebe, Eifersucht, Vertrauen, Wahrheit, Hass oder andere Lektionen in unterschiedlicher Zusammensetzung enthält. Wenn wir dann dieses Leben zu leben beginnen, gibt uns das die Möglichkeit, eigene Erfahrungen zu machen, die unsere Seele bilden.

Nun haben wir, wie ich schon gesagt habe, unseren freien Willen, und einige entscheiden sich dahingehend, nicht aus einer bestimmten Erfahrung zu lernen. Es ist sogar so, dass die meisten Menschen ein und dieselbe Lektion im Laufe ihres Lebens mehrfach wiederholen. Wie oft hören wir, dass jemand einer Ehe oder Partnerschaft entflieht, die geradezu höllisch erscheint, nur um sich unmittelbar danach auf eine andere einzulassen, die ganz ähnlich ist? Wenn wir uns mit allen Punkten auf unserem Plan auseinandergesetzt haben und diesen Übergang, den wir Tod nennen, erleben, werden wir uns mit unserem geistigen Führer wieder vereinigen und unseren ursprünglichen Plan ausgehändigt bekommen. Dann müssen wir ohne Vorbehalte ganz ehrlich unser Leben betrachten und für die Entscheidungen, die wir getroffen haben, einstehen.

Auf unserer Liste sind vielleicht viele Punkte abgehakt, die zeigen, dass wir aus bestimmten Erfahrungen gelernt haben. Aber ich denke, dass viele von uns dort Punkte stehen haben, die noch nicht abgehakt sind. Wie steht es mit den Menschen, die um eine Lektion in Mitgefühl gebeten hatten? Vielleicht sieht zum Beispiel ein Mann, der rückblickend sein Leben betrachtet, dass er, als er gebeten wurde, sich um seine Großmutter zu kümmern, aus welchem Grund auch immer entschied, seine Karriere oder sein Geschäft zu fördern. Vielleicht hat er sein Problem dadurch gelöst, dass er die alte Dame in einem Heim unterbrachte und sich einredete, dass ein Besuch einmal im Monat ausreichend war. Kann so jemand ehrlich sein Leben anschauen und behaupten, dass er seine Lektion in Mitgefühl erfüllt und ein Häkchen verdient hat? Wobei es natürlich möglich wäre, dass er die Lektion bei einer anderen Gelegenheit in seinem Leben gelernt hat, und dann hat er das Häkchen verdient.

Ich glaube fest daran, dass einige nach einem gründlichen und ehrlichen Rückblick auf ihr Leben beschließen, wieder zu inkarnieren und zu versuchen, einige weitere Lektionen zu lernen. Menschen, die die Theorie vertreten, dass wir, kaum gestorben, wieder in einen neuen Körper hopsen, ziehen den ganzen Ablauf des Lebens ins Lächerliche. Ich habe das Gefühl, dass manche die Menschheit quasi als Hamster im Laufrad betrachten. Das ewige im-Kreis-Rennen erschöpft uns, wir sterben, fallen vom Rad, und wann immer es uns passt, springen wir wieder auf und machen weiter. Zieht das nicht alles, was wir durchmachen, ins Lächerliche? Ich habe Sitzungen gehabt, in denen sich ein fehlgeleiteter Vater meldete und sich für seine Fehler entschuldigte. Dann erklärte er, dass er dem Sohn oder der Tochter zugeschaut habe, um zu sehen, wie diese gewisse Dinge anpackte. Der Vater hatte dadurch dazugelernt, dass er andere in der gleichen Situation beobachtete, und sah, wie sie damit umgingen – er musste sicher nicht noch einmal inkarnieren, um seine Lektion zu lernen.

Deshalb behaupte ich, dass Reinkarnation möglich und für einige wünschenswert, aber nicht zwingend ist. Mein Geistführer Ramadahn hat mir, wie so oft, einen Rat gegeben. Er erklärte mir: Es ist nicht so wichtig, wo und wer wir waren – das macht uns zu dem, was wir sind. Viel wichtiger ist aber, wer wir jetzt sind und wohin wir gehen.«

Glücklicherweise können wir, wenn wir unsere geistigen Führer besser kennenlernen und auf unser höheres Selbst hören, die Richtung unseres Lebens ändern, können es richtig machen und wissen dann, wenn wir zurückschauen, dass wir alles erreicht haben, dessentwegen wir hierhergekommen sind. Das karmische Gesetz ist ein kosmisches Gesetz, aber es wird sehr oft missverstanden. Viele Leute glauben, dass es sich bei Karma nur um Belohnung und Bestrafung handelt. Sie nehmen Karma als Erklärung dafür, warum einige in ein Leben in Armut hineingeboren werden, während andere in Reichtum schwelgen. Das ist jedoch eine sehr selbstsüchtige Betrachtungsweise von Karma. Wie bei allen kosmischen Gesetzen gibt es eine einfache Erklärung: Wenn es uns nicht gelingt, die Lektion, mit der wir konfrontiert werden, zu lernen, dann gibt es kein Entrinnen. Wir werden irgendwann später im Leben wieder vor dieser Lektion stehen. Daraus habe ich gelernt, dass wir niemals vor einem Problem davonlaufen können. Wir können noch so weit laufen, irgendwann im Leben wird uns dasselbe Problem wieder einholen. Es kommt vielleicht in anderer Gestalt, aber entgehen werden wir ihm nicht. Darum, wenn wir uns einem Problem gegenüber sehen, gibt es nur eines – stehen bleiben und eine Lösung suchen. Wie immer die Sache auch ausgehen mag – wir wissen zumindest, dass wir uns einer Lektion gestellt haben und so nicht noch einmal mit ihr konfrontiert werden. Nur ein Narr weigert sich, während seines irdischen Daseins bestimmte Lektionen zu lernen; die Wahrscheinlichkeit ist groß, dass genau diese Narren sich verpflichtet fühlen, immer und immer wiederzukehren. Deshalb glaube ich, dass die Seele eines Menschen umso höher entwickelt ist, je jünger jemand stirbt oder je kürzer die Zeit ist, die jemand hier auf dieser Erde verbringt. In meinen Augen ist das auch der Grund dafür, warum ich Seelen, die nicht geboren werden, wie zum Beispiel Fehlgeburten, als kleine, reinweiß strahlende Lichter wahrnehme.

Das karmische Gesetz gilt für den Einzelnen ebenso wie für Staaten und für unseren Planeten allgemein. Es ist ein unverrückbares Gesetz, wir können weder als Einzelwesen noch als Kollektiv die Lektionen vermeiden, die wir zu lernen haben. Darum finde ich es sehr frustrierend, wenn wir dieselben Fehler immer wieder machen, wie wir die Grausamkeiten des Krieges stets von neuem wiederholen müssen. Statt aggressiv zu reagieren, sollten die wahrhaft klarsichtigen Leute sagen: »Genug!« Wir müssen aufhören, uns als Individuen oder Nationen zu sehen und stattdessen anfangen zu überlegen, was wir für diese Welt tun und was wir jenen hinterlassen, die nach uns dieses Klassenzimmer benutzen müssen. Das karmische Gesetz lässt sich folgendermaßen zusammenfassen: »Die Sünden der Väter werden auf die Söhne kommen.« Wollen wir wirklich eine Arbeit, die wir erledigen können, einem anderen zur Fertigstellung überlassen?

Das Leben nach dem Leben

Und was dich betrifft, Tod, und du, bittere Umarmung
der Endlichkeit des Lebens, es ist müßig zu versuchen,
mich in Angst und Schrecken zu versetzen.
Walt Whitman

Es ist selbstverständlich, dass man sich Gedanken macht über das, was geschieht, wenn wir sterben. Wohin gehen wir? Entspricht die Vorstellung, in ein weißes Licht zu gehen, der Wirklichkeit? Wo genau ist die Geistige Welt, und was erwartet uns dort? Das sind nur einige der Fragen, die allen Medien irgendwann gestellt werden.

Ich habe in allen meinen Sitzungen und Demonstrationen immer wieder die gleichen Erfahrungen gemacht, dass der Vorgang des Hinübergehens für das Individuum, das diesen Schritt vollzieht, keinen großen Schrecken birgt – egal wie jemand stirbt. Natürlich ist es für alle, die auf der Erde zurückbleiben, von großer Wichtigkeit und von großem Interesse. Ich habe das Glück gehabt, eine Vielzahl von Menschen bei ihrem Scheiden von dieser Welt begleiten zu dürfen. Dank der Gabe der Hellsichtigkeit habe ich in allen Fällen gesehen, wie der Beta-Körper oder die Seele über das Kronenchakra oder den Scheitel ausgetreten ist. Ich habe dabei nie einen Unterschied festgestellt, ob wir ermordet werden oder eines natürlichen Todes sterben, ob es sich um einen »Unfall« handelt oder einen Selbstmord, einen schnellen Tod oder ein krankheitsbedingtes langsames Sterben. Wir alle verlassen den Körper auf die gleiche Weise: Unsere Geistseele tritt durch den Scheitel aus, und wenn die letzte Verbindung zu unserem physischen Körper unterbrochen wird, und die bekannte Silberschnur durchtrennt ist, dann sind wir genau an dem Punkt, an dem der Tod eintritt.

Einige Menschen, deren Übergang ich miterlebt habe, waren wirklich bereit und auf ihr Sterben vorbereitet. Während des Sterbens habe ich telepathisch mit ihnen gesprochen und mich sogar mit einigen Geistseelen unterhalten, die erst ein paar Minuten »tot« waren. Deshalb kann ich mich nicht der Theorie anschließen, dass wir alle nach dem Übergang ruhen müssen oder direkt nach unserem Tod eine Phase durchlaufen, in der wir nicht kontaktiert werden können. Natürlich sind einige Sterbevorgänge ein Schock für die sterbende Person selbst, wie auch für die Menschen auf der Erde, sogar wenn die Person einen friedlichen Tod hat. Es ist verständlich, dass diese Sterbenden bedrückt sind oder sich abkapseln, sie müssen sich erst in ihre neue Umgebung einleben und die Tatsache akzeptieren, dass sie sich aus der Welt der Materie zurückgezogen haben. Niemals aber hat mir die Geistige Welt etwas von einer Vorschrift oder einer geistigen Gesetzmäßigkeit gesagt, nach der die Menschen zwei Wochen oder drei Monate warten müssen, bevor sie uns oder wir sie kontaktieren können. Ich habe solche Erklärungen zwar gelesen, aber ich würde doch davor warnen, wenn ein Medium oder ein spiritueller Lehrer meint, einen Absolutheitsanspruch erheben zu müssen. Zunächst einmal wissen wir, dass einige Sterbende mutiger sind als andere;

und außerdem sind einige in ihrer spirituellen Entwicklung weiter fortgeschritten. Worauf müssten diese Leute also in dieser vorgeschriebenen Zeit warten? Etwa auf eine Art von himmlischer Anhörung, um herauszufinden, ob sie regelkonform kommunizieren können?

Für mich erscheint es logisch, dass jemand, der gerade entdeckt hat, dass er als Geistwesen weiterlebt, sich selbstverständlich bemühen würde, dies seinen Lieben so schnell wie möglich zu übermitteln. Es gibt einige sehr starke Persönlichkeiten auf der Welt – warum sollten die plötzlich schüchtern und fügsam werden, jetzt, wo sie an ihrem Todeszeitpunkt angelangt sind? Egal wie der Zeitrahmen aussieht – ob nur Sekunden oder Jahre seit dem Übergang vergangen sind –, die Geistwesen werden den Kontakt suchen, sobald sie dazu bereit sind. Einige sind eher dazu bereit und suchen den Kontakt früher als andere. Das ist die einfache Wahrheit, die sich mir erschlossen hat.

Manche haben das Gefühl, sie müssten mit halsstarrigen Äußerungen festlegen, wo sich die Geistige Welt genau befindet. Die merkwürdigste Feststellung, von der ich gelesen habe, beschrieb die Geistige Welt einen Meter über der Erdoberfläche. Ich erinnere mich, dass ich dies las, als ich in zehntausend Metern Höhe flog. Ich warf danach einen Blick durch das kleine Fenster des Flugzeugs, um zu sehen, was sich unter mir befand. Aber es macht wenig Sinn, sich die Geistige Welt mit unseren physischen Augen vorzustellen. Ich kann verstehen, dass ein Medium trauernde Hinterbliebene trösten möchte, indem es ihnen zu erklären versucht, wo die geliebten

Menschen sich jetzt befinden. Aber bei solchen Festlegungen über den Sitz der Geistigen Welt, schafft man lediglich Begrenzungen, dabei gibt es sie einzig und allein in der materiellen Welt. Eine der besten Antworten auf die Frage: »Wo befindet sich die Geistige Welt«, war die Gegenfrage: »Wo befindet sich das Internet?« Wir können das Internet nicht geographisch lokalisieren, aber wir wissen, dass es existiert. Das Gleiche gilt für die Geistige Welt. Es ist wie mit der bedingungslosen Liebe: Wir sind untrennbar mit allen verbunden, denen wir und die uns in bedingungsloser Liebe begegnet sind, und wahre Liebe kennt keine Grenzen. Wir sind umgeben von der Geistigen Welt; wir sind ein Teil von ihr und sie ist ein Teil von uns. Ob wir uns nun dessen bewusst sind oder nicht, wir stehen in ständigem Austausch mit ihr.

Ich habe immer wieder Mitteilungen aus der Geistigen Welt erhalten, in denen die verstorbene Person beschrieb, wie sie die Anwesenheit ihrer Lieben bei ihrem Sterben erlebt hat. Einige sprachen von dem Gefühl, eine Brücke zu überqueren. Ich bekam den Eindruck, dass sie während der ersten Hälfte der Brückenüberquerung sehr deutlich wahrnahmen, dass diejenigen, die auf der Erde zurückblieben, mit ihnen über die Brücke gingen. Dann, in der Mitte der Brücke, kam ihnen jemand entgegen, von dem sie wussten, dass er vor ihnen gestorben war, um sie auf dem letzten Stück über die Brücke zu begleiten, während die irdischen Menschen zurückblieben. Häufig erzählten das Menschen, die lange krank oder im Koma waren und deren Angehörige kurz vor dem Tod oder im Augenblick des Todes bei ihnen waren.

Es gibt zahlreiche Berichte von Patienten, die nach einer längeren bewusstlosen Zeit plötzlich aufwachen und erzählen, dass sie einen seit langem verstorbenen Verwandten »gesehen« haben. Häufig wird das als Halluzination abgetan, hervorgerufen durch die medikamentöse Behandlung. Ich zweifle keinen Moment daran, dass unsere Lieben in der Geistigen Welt näher kommen, um jene zu begrüßen, die bald bei ihnen sein werden. Wenn die Menschen sterben, befreit sich der Beta-Körper von seiner irdischen Hülle – je näher jemand dem Tod ist, desto weniger Einwirkung hat die Trägheit des physischen Körpers auf den Beta-Körper. Wenn dann der Beta-Körper schneller zu schwingen beginnt, können diese Menschen eher diejenigen wahrnehmen, die bereits den schweren alten Mantel, den wir Körper nennen, abgelegt haben.

Meiner Meinung nach erhöht sich die Wahrscheinlichkeit, dass jemand seine tot geglaubten Lieben wahrnimmt, je näher er oder sie dem Augenblick des Übergangs kommt. Für mich ist dieser Zeitpunkt kein Zufall. Der Schock, jemanden, der schon gestorben ist, zu sehen, ist so gewaltig, dass das sehr wohl dazu führen kann, dass das Gehirn vorübergehend angeregt wird und jemand aus dem Koma erwacht. Und nichts ist dringlicher für diese Menschen, als mitzuteilen, dass sie jemanden gesehen haben, von dem sie gedacht hatten, er sei schon lange tot. Wenn wir mit so etwas konfrontiert würden, wäre es nicht unser größter Wunsch, den Lieben um uns mitzuteilen, dass »alles in Ordnung ist, da doch auch dieser oder jener weiter›lebt‹. Ihr braucht keine Angst zu haben, denn wenn diese Menschen weiter›leben‹, werde ich das sicherlich auch, nicht wahr?«

Bei Gewalttaten oder dem Tod vieler Menschen gleichzeitig (wie beim Angriff auf das World Trade Center) dauert es oft geraume Zeit, bis ein Kontakt zustande kommt, aber auch hier gibt es keine fixen Regeln. Alles ist von der Persönlichkeit des Opfers abhängig. Zeit ist Bestandteil der materiellen, physischen Welt; in der Geistigen Welt gibt es sie nicht. Was wir hier auf der Erde in Monaten zählen, ist dort vielleicht nur ein Augenblick. Die Kommunikation erfolgt dann, wenn das Geistwesen dazu bereit ist. Das Medium mag gut vorbereitet sein, die Angehörigen warten verzweifelt auf eine Nachricht, aber die Kommunikation kommt nicht zustande, weil das Geistwesen noch nicht bereit ist. Menschen im Schockzustand brauchen Zeit, um sich auszusöhnen mit dem, was geschehen ist. Das Gleiche gilt auch für die Geistige Welt.

Nach dem Fall des World Trade Centers waren die ersten, die sich meldeten, einige der tapferen Feuerwehrmänner. Das ist nicht überraschend, denn die, die oft dem Tod ins Auge geschaut haben, wissen instinktiv sehr viel und können sich rasch melden. Die Gefahr ist ihr Lebensbegleiter, dadurch sind sie sich auch eher der Zerbrechlichkeit dieses Lebens bewusst. Interessanterweise höre ich in den Sitzungen mit Angehörigen nur ganz selten von den Geistwesen, dass sie Opfer dieser Gräueltat geworden sind. Und das ist auch gut so, denn diese Tatsache könnte das Medium ablenken und eventuell sogar beeinflussen. Bei jeder einzelnen der dreißig oder mehr Sitzungen mit Familien oder Angehörigen von Opfern, haben sie ihren Tod so beschrieben, dass sie in einer Menschenkette, Hand in Hand mit vielen anderen, über die Brücke gingen. Die Hilfe und die Liebe, die sie von jenen bekamen, die schon in der Geistigen Welt leben, waren frei von allen Bedingungen. Auch wenn man auf seinem spirituellen Weg nicht weit fortgeschritten ist, je eher man die Tatsache akzeptiert, dass es diesen Übergang gibt, den wir Tod nennen, desto eher kommt man mit diesem Übergang zurecht. Die Feuerwehrmänner, die mich als Medium benutzten, zeigten keine Angst. Andere fanden Möglichkeiten, ihren Lieben direkt zu sagen, dass bei ihnen alles in Ordnung war – ohne Einschaltung eines Mediums.

Es ist spannend, darüber nachzudenken, dass wir so viele Vorbereitungen für den Eintritt in dieses Leben treffen, aber praktisch keine für das Sterben, und dennoch ist allem Anschein nach der Tod in diesem physischen Leben nichts anderes als eine Geburt in die Geistige Welt.

Wenn wir ehrlich sind, dann wollen die meisten von uns mit unseren Lieben zusammen sein, wenn deren letzte Stunde schlägt. Ich habe mich mit vielen Menschen unterhalten, die noch immer bedauern, dass sie nicht »dabei waren« als ein geliebter Mensch in die Geistige Welt ging.

Eine harte und sehr persönliche Lektion war vonnöten, um mir begreiflich zu machen, dass die Geistige Welt mehr weiß als das physische Ich. Es ist eine Lektion, die ich weder in einer Privatsitzung noch während einer öffentlichen Veranstaltung gelernt habe. Es war die letzte körperliche Lehre, die mir meine Mutter bei ihrem Tod gab. Um die bedingungslose Liebe sichtbar zu machen, die eine Mutter für ihren Sohn hat, möchte ich gerne diese Erfahrung mit Ihnen teilen. Sie mag als Hinweis für alle gelten, die bedauern, nicht dabei sein zu können, wenn ein nahestehender Mensch durch irgendeine schwierige Situation geht.

Meine Mutter wurde 1992 krank. Wir wussten nicht mit Bestimmtheit, woran sie litt, da sie alle Untersuchungen verweigerte. Aber es gab Vermutungen, dass sie Bronchitis hatte – vor allem, weil sie eine starke Raucherin war –, aber ohne die Untersuchungen hatten wir keine Gewissheit. Als meine Mutter ins Spital ging, hielt es keines von uns fünf Kindern für möglich, dass sie sterben könnte. Eine meiner Schwestern sagte zu mir: »Wenn mit Mutter irgendetwas ist, kann ich einfach nicht dabei sein. Es wäre zu viel für mich.« Ich hingegen war fest entschlossen, da zu sein, falls irgendetwas geschehen sollte. Es war sehr wichtig für mich, bei ihr zu sein, falls sie sterben sollte. Schließlich war ich – und meine Brüder und Schwestern werden sicher keine Einwände erheben, wenn ich das sage, da ich das Nesthäkchen der Familie bin – in vieler Hinsicht ihr besonderer Liebling. Meine Mutter lag bereits etwa eine Woche im Spital, also ich sie eines Abends besuchte. Ich hatte gerade in einer Kirche den Abendgottesdienst abgehalten und aus irgendeinem Grund vergessen, mein Seelsorgerabzeichen abzulegen, das ich bei solchen Gelegenheiten trug. Ich ging zum Schwesternzimmer der Station, da meine Mutter, seit ich sie das letzte Mal gesehen hatte, verlegt worden war.

Ich erklärte der Schwester, dass ich Frau Brown besuchen wolle. Ich bemerkte es nicht sofort, aber die Schwester warf einen Blick auf das Abzeichen an meinem Revers und sagte leise: »Ah ja, die Dame im letzten Bett rechts.« Dann fügte sie hinzu: »Etwa zwölf Tage, mein Herr.«

Die Schwester wusste nicht, dass ich ein Angehöriger war und verriet mir unabsichtlich, dass meine Mutter sterben würde. Von diesem Tag an war ich fest entschlossen, bei meiner Mutter zu bleiben, und während der zwölf Tage und Nächte weilten meine Geschwister und ich bei ihr. Am zwölften Tag morgens – es war 11.30 Uhr – war ich allein mit ihr. Meine Mutter erwachte, sah mich an und sagte: »Das ist ja lächerlich; schau, mir geht es gut, ich habe die Nacht überstanden. Geh nach Hause, du hast noch zu tun, wir sehen uns später.« Zögernd verließ ich den Raum. Es war 11.35 Uhr. Am Mittag, gerade als meine Schwester Jackie, die gesagt hatte, sie könne es nicht ertragen, beim Tod meiner Mutter dabei zu sein, das Zimmer betrat, ging diese friedlich in die andere Welt hinüber.

Ich war zunächst sehr ärgerlich, dass ich nicht da gewesen war, und der Gedanke, dass ich um diesen kostbaren Moment betrogen wurde, machte mich wütend. Wie war es möglich, dass ich – der sogenannte Sensitive – nicht gespürt oder erkannt hatte, was geschehen würde? Es dauerte lange, bis mein Geistführer Ramadahn mir behutsam erklärte, dass meine Mutter, ihr wahres Selbst, ihre Geistseele, wusste, dass sie jeden Augenblick in die andere Welt gehen würde und dass das Loslassen für sie genauso schmerzhaft war wie für mich. Wahrscheinlich wäre es ihr schwergefallen zu gehen, wenn ich dabei gesessen hätte; und zuzusehen wie meine Mutter stirbt, hätte vielleicht alles zunichte gemacht, woran ich glaube. Meine Schwester wiederum musste lernen, dass der physische Tod eine Realität ist, und deshalb war sie diejenige, die meiner Mutter Mut machen durfte. Wenn dieses Kind, das meine Mutter nicht begleiten wollte, es aushielt, dabei zu sein und zu überleben, dann würden alle anderen es auch schaffen. Im Weiteren erläuterte mir Ramadahn die einfache Wahrheit: *Es gab keinen Abschied, weil es keinen Abschied gibt.* Ich lernte dabei, dass ich nie wieder sagen werde: »Ach, hätte ich doch.«

Die Gedanken erschaffen die Wirklichkeit

Die Geistige Welt hat mir schon zum wiederholten Mal gesagt, dass in ihrem Reich Gedanken die Wirklichkeit erschaffen. Das könnte erklären, warum es so viele und unterschiedliche Darstellungen davon gibt, wie der Himmel oder die Geistige Welt wirklich aussehen. Unter den vielen Berichten, die ich gehört habe, gab es eine Beschreibung, die nicht nur sehr anschaulich und lebendig war, sondern sich für den Erzähler später auch als genau seinen Erwartungen vom Himmel entsprechend entpuppte.

Ich war unterwegs in München und hatte gerade vor großem Publikum eine öffentliche Veranstaltung gehalten. Müde machte ich mich bereit, in meinem Hotel zu Bett zu gehen. Höchst ungewöhnlich für mich, nahm ich die Anwesenheit einer anderen Person im Raum wahr.

Ich sage ungewöhnlich, denn entgegen einer weit verbreiteten Meinung sind die meisten Medien nicht vierundzwanzig Stunden am Tag damit beschäftigt, Geistwesen wahrzunehmen und sich mit ihnen zu unterhalten. Ich habe schon in jungen Jahren gelernt, wie wichtig es ist, seine Zentren zu »schließen«, also die Schwingungsrate zu vermindern und sich mit diesem Leben hier auf Erden auseinanderzusetzen. Mein Interesse an dem Besucher war so gering, dass ich zunächst versuchte, die andere Wesenheit im Raum zu ignorieren. Ich begann, ein Buch zu lesen. So sehr ich mich aber bemühte, am Ende einer Seite stellte ich fest, dass ich keine Ahnung hatte, was ich da eben gelesen hatte. Ich löschte das Licht und versuchte zu schlafen, da ich doch eine halbe Stunde zuvor noch so müde gewesen war, aber jetzt konnte ich einfach nicht einschlafen. Ganz allmählich, aber sehr klar, sah ich einen älteren Mann. Zuerst saß er in einem Sessel gegenüber meinem Bett, dann stand er auf und ging im Raum auf und ab. Ich sah, dass er sehr wenige Haare hatte, ja ich hatte das Gefühl, er sei beinahe kahlköpfig. Er trug eine große, deutlich wahrnehmbare Brille, war ziemlich schlank und wirkte sehr fit, wie er da so auf und ab ging. Es machte den Eindruck, als ob er den Raum durchquerte, etwas an sich nahm, dann wieder zurückging und auf der anderen Seite des Zimmers etwas betrachtete. Er schien freundlich und freudig erregt. Natürlich war ich neugierig, wer das war und was er da machte, aber ich fragte mich auch, warum er da war, denn ich hatte niemanden auf mein Zimmer eingeladen! Ich merkte schnell, dass er mich überhaupt nicht wahrnahm. Was immer er da am anderen Ende des Raums an sich nahm, es schien seine gesamte Aufmerksamkeit in Anspruch zu nehmen. Es war wirklich eine sehr merkwürdige Szene, und ich konnte nicht anders, als mich innerlich zu fragen: »Was machen Sie da?« Er schien meine Gedanken zu hören und wurde mit einem Schlag sehr lebhaft: »Es ist alles hier drin, wissen Sie, genau so, wie ich das immer schon gesagt habe.« Ich hatte keine Ahnung, was das bedeuten sollte und wusste überhaupt nicht, wer dieser Mann war. Jetzt war ich aber neugierig, was er da eigentlich anschaute, und wieder schien er meine Gedanken zu »hören«. »Es ist die Akasha-Chronik, alle Aufzeichnungen sind hier, mit dem beschäftige ich mich jetzt, sagen Sie das Ellie.«

Nun weiß ich ein bisschen was darüber, worum es sich bei der Akasha-Chronik handelt: Die Aufzeichnungen enthalten im Wesentlichen die Zusammenfassung jedes einzelnen Lebens, aber ich war nicht wirklich daran interessiert und hatte, ehrlich gesagt, auch nicht viel darüber gelesen. Aber ich kannte jemand der Ellie hieß. Tatsächlich habe ich unter den Tausenden von Leuten, die mir je begegnet sind, nur eine Ellie getroffen; Ellie Fristensky, eine der Mitbegründerinnen des LOVE-Zentrums in Huntington, New York (LOVE steht für Learning (lernen), Oneness (Einssein), Victorious (siegreich), Enlighten (erleuchten)). Das LOVE-Zentrum ist ein Zentrum für Metaphysik, in dem Spiritualität gelehrt und gefördert wird. Ich wusste auch, dass Ellie in Memphis wohnte und glaubte, dass es ihr sehr merkwürdig vorkommen würde, einen Anruf aus Deutschland zu erhalten, von einem Medium, das etwas von einem Geistwesen brabbelte, das in seinem Hotelzimmer über alte, esoterische Aufzeichnungen sprach.

Ich versuchte, den Mann wieder zu ignorieren, aber seine Begeisterung für diese Aufzeichnungen war wirklich ansteckend, und je mehr ich diese Gedanken aus meinem Kopf scheuchen wollte, desto deutlicher nahm ich seine Gedanken wahr, die wiederum mein Denken beeinflussten. Nach einiger Zeit hielt ich es nicht mehr aus. »Wer sind Sie und was wollen Sie?«, rief ich. Mit einem Schlag wurde der geschäftige Mann die Liebenswürdigkeit selbst. Er erklärte mir, dass er Ellwood heiße und bat mich, Ellie zu sagen, dass er mit seiner Arbeit Recht hatte und Ellie liebe Grüße an D. auszurichten. Er sprach davon, dass er Edgar getroffen habe und wie sie sich unterhalten und miteinander über so vieles diskutiert hatten. Er beschrieb eine riesengroße Halle, ähnlich einer Bibliothek, und meinte: »Dort kann ich selig nach Lust und Laune lesen, und ich kümmere mich auch um die Bücher.« Nicht lange danach verschwand er. Ich sah ihn nicht mehr, aber es »fühlte« sich so an, als ob immer noch jemand da wäre.

Tja, liebe Leser, ich bin sicher, dass Sie sich fragen, ob ich den Verstand verloren habe, und Sie können mir glauben, dass ich zuerst dasselbe dachte. Aber nach einem weiteren vergeblichen Versuch einzuschlafen, stand ich schließlich auf und zog mich an. Das kleine Hotel beziehungsweise die kleine Pension, hatte keine Telefone in den Räumen; ja, die Gäste hatten im ganzen Gebäude überhaupt keine Möglichkeiten zu telefonieren. So machte ich mich um drei Uhr morgens deutscher Zeit auf und suchte eine öffentliche Telefonzelle, nachdem ich vorher aus meinem Koffer ein ganzes Bündel Visitenkarten ausgegraben hatte. Zum Glück hatte ich Ellie Fristenskys Nummer gefunden. Ein tiefer Atemzug im Gefühl, ich sei doch ein feiger Narr, und dann rief ich in Memphis an.

»Ellie? Hier ist Robert Brown. Ich rufe aus Deutschland an, aus München. Du wirst vielleicht denken, ich spinne, aber in meinem Hotelzimmer heute Abend ist etwas ganz Merkwürdiges passiert.«

Eine solche Einleitung ist genau das Richtige für Ellie! »Wie schön, du Glückspilz!«, gab sie zur Antwort.

»Hör zu, ein Mann erschien, er sagte sein Name sei Ellwood und dass ich dir das Folgende ausrichten solle.« Und dann berichtete ich ihr das Geschehene, und dem Himmel sei Dank, sie lachte mich nicht aus. Im Gegenteil, ich spürte, dass sie von dem, was ich sagte, ziemlich berührt war. Ellie erklärte mir, dass Ellwood Babbett nicht nur ein lieber Freund, sondern auch einer ihrer Lehrer gewesen war. Er war ein sehr geachteter Sensitiver, ein Mystiker und ein Mann mit großem Wissen über alles Spirituelle. Ein Teil seiner Arbeit bestand darin, in Trance zu gehen und die Akasha-Chronik zu erforschen. Sein ganzes Leben lang hatte er ihre Existenz niemals bezweifelt. Der Name seiner Frau begann mit D, Daria. Er hatte Edgar Cayce, den berühmten »schlafenden Propheten« gekannt und war mit ihm in recht engem Kontakt gestanden. Ellwood Babbett hatte gelehrt, Demonstrationen gegeben und jeden und alle unterrichtet, die nach der Wahrheit suchten. Ich fühlte mich tief geehrt, dass er mich auserwählt hatte, um Ellie und seinen Lieben diese Nachricht zu übermitteln. Ich habe ihn in diesem Leben nie kennen gelernt, aber ich bin froh, dass er seine Wahrheit und seinen Himmel gefunden hat. Ich hoffe, dass ich eines Tages Gelegenheit haben werde, ihm die Hand zu reichen.

In anderen Berichten aus der Geistigen Welt wird über Menschen berichtet, die Häuser für ihre Lieben, die sie erwarteten, bauten, über andere, die wunderschöne Gärten versorgten, über Kinder, die bei ihren Großeltern in der Geistigen Welt »aufwuchsen«. Ich bin sicher, dass ein Kind seine Umgebung anders wahrnimmt als ein Erwachsener, ebenso wie ein Gelehrter andere Erwartungen an den Himmel hat als ein Zimmermann, und ein Stubenhocker nicht unbedingt Freude hätte an weiten freien Flächen und einer sanft gewellten Hügellandschaft.

Obwohl die Geistige Welt immer davon spricht, dass Kinder dort »aufwachsen«, zeigen die sich, wenn sie sich in meinen Sitzungen melden, interessanterweise so, wie die Eltern sie physisch in Erinnerung haben. Das erscheint mir auch logisch, denn wahrscheinlich würden die Angehörigen sie im Alter von dreißig Jahren gar nicht erkennen, vielleicht nur ihr wahres Selbst, ihre wunderbare Schwingung. Ich glaube, dass mit dem »Aufwachsen« das Reifen und die Bildung des wirklichen Selbst gemeint sind, und unsere Entwicklung darum in der Geistigen Welt immer weiter geht. Auf uns warten dort neue Aufgaben und Lektionen, die nichts mit den Aufgaben zu tun haben, die an materielle Bedingungen gebunden sind. Aber die Welt, in der wir uns nach unserem Hinübergehen wiederfinden, wird genau unserer Vorstellung von ihr entsprechen.

Trotz der vielfältigsten Berichte und Beschreibungen über die Geistige Welt (die einzelnen Berichte würden schon ein ganzes Buch füllen), hat mir noch nie ein Kommunikator von einem grässlichen oder schrecklichen Ort berichtet, noch nie in den Tausenden von Kommunikationen ein Geistwesen zu mir gesagt, es sei zu früh gestorben oder es fühle sich elend an dem Ort, an dem es angekommen sei. Ich denke, das liegt zum Teil daran, dass ich versuche, meine mediale Gabe stets zum Wohle anderer einzusetzen oder um andere zu heilen, und sich die Verruchten, die Bösen oder jene, die noch nicht weit genug entwickelt sind, deshalb nicht von mir angezogen fühlen.

Ich sehe auch wenig Sinn darin, wenn ein Geistwesen mit einem geliebten Menschen auf der Erde in Verbindung tritt, um ihm mitzuteilen, dass es zu dem Zeitpunkt, an dem es gestorben ist, eigentlich nicht hätte sterben sollen oder dass es an dem Ort, an dem es sich befindet, unglücklich ist. In meinen Augen deuten diese Fälle die Möglichkeit an, dass ein Medium, das solche Informationen bekommt, in seiner Entwicklung noch nicht weit genug ist, oder dass seiner Arbeit nicht die richtige Motivation zugrundeliegt und deshalb Geistwesen anzieht, die ebenfalls nicht ausreichend fortgeschritten sind in ihrer spirituellen Entwicklung. Das kann gefährlich werden. Und natürlich ist es die Wurzel aller

Klagen, die häufig von einigen wenigen gegen Medien erhoben werden, nämlich dass wir die Toten stören oder mit dem Bösen im Bunde sind.

Das bringt mich zu der Frage, die auch immer wieder gestellt wird, was denn mit den bösen Menschen passiere. Ich kenne einige, die sich gern an der Vorstellung ergötzen, dass Verbrecher in einem flammenden Abgrund oder Verlies bestraft werden oder in einer fast unvorstellbaren Hölle eingesperrt sind. Es kommt mir seltsam vor, eine fast perverse Freude zu entwickeln, wenn man an die Leiden anderer denkt. Wenn Menschen auf dieser Welt schlecht sind, dann kommen sie mit genau dieser Einstellung in der Geistigen Welt an. Es ist nicht so, dass wir bei diesem Übergang namens Tod irgendein perlenbesetztes Tor durchschreiten, eine Harfe und ein paar Flügel bekommen und plötzlich Engel sind. Das ewige spirituelle Gesetz »Gleiches zieht Gleiches an« wird auch bei dem Übergang sehr deutlich – schlechte Menschen werden sich unter ihresgleichen wiederfinden.

Mein Geistführer Ramadahn hat mir erklärt, dass allen die Möglichkeit zur fortschreitenden Weiterentwicklung offen steht; aber in der Geistigen Welt kann man nichts mehr vortäuschen. Nicht einmal der gewiefteste Betrüger, Gauner oder Bösewicht kann die heilige Ordnung hintertreiben. Unsere Geistführer, die die Blaupause unseres Lebens besitzen, die wir vor unserem Eintritt in die physische Welt geschrieben haben, warten geduldig, bis diese Übeltäter ihre Fehlhandlungen einsehen. Das ist kein einfacher Vorgang, und einige machen offensichtlich nur wenige bis keine Fortschritte. Zuallererst müssen sie ihre Taten unter die Lupe nehmen – nicht nur, wie sie sie begangen haben, sondern auch ihre dahinter stehenden wahren Motive, bei denen es häufig um persönliche Raffgier oder Genugtuung geht. Und dann müssen sie sich die Ergebnisse ihrer Handlungen ansehen. Diese Leute können dem nicht entfliehen, wurde mir gesagt. Sie erleben die Folgen ihrer Taten mit, und jeder spirituelle Fortschritt bedingt, dass sie tatsächlich das erleben, was jedes einzelne ihrer Opfer durchgemacht hat. Wenn wir daran denken, welche Grausamkeiten einige von ihnen verübt haben, dann ist es verständlich, dass wir selten wieder etwas von ihnen hören. Zuletzt müssen sie ihren Opfern von Angesicht zu Angesicht gegenübertreten und sie um Verzeihung bitten, das ist ein sehr schmerzhafter und demütigender Prozess.

Es war für mich eine Offenbarung, als mir gesagt wurde, dass bei Erreichung dieses Erkenntnisstandes das Opfer seinem Peiniger stets vergibt. Die Lehren aus bösen Taten, ob wir nun direkt mit ihnen zu tun haben oder nicht, sollten auch uns etwas sagen. Ich meine, wir sollten diesen Prozess der Heilung und des Vergebens bereits hier auf Erden in Angriff nehmen. Das beste Beispiel der letzten Jahre hat der verstorbene Papst Johannes Paul gegeben, als er dem Mann vergab, der ihn meuchlings ermorden wollte.

Ich bin einigen begegnet, die behaupten, dass sie mit schlechten Menschen zu tun haben und mit ihnen in Kontakt sind. Häufig sind das aber desillusionierte Seelen, die ein kleines bisschen Aufmerksamkeit suchen und zuletzt ihr Streben unweigerlich bedauern. Aber täuschen Sie sich nicht, Gleiches zieht Gleiches an. Dieses kosmische Gesetz gilt hier auf Erden und in der Geistigen Welt.

Die meisten von uns werden mit dem Bösen nicht in Berührung kommen, und wenn wir hinübergehen, werden uns geliebte Menschen empfangen, die vor uns gestorben sind. Wir werden sie erkennen, werden mit ihnen kommunizieren und werden die wahre und zutreffende Aussage verstehen, dass das Leben weiter geht.

Es gibt einige wenige Sensitive auf der Erde, die den Hinübergehenden helfen und sie begleiten, jenen, die nicht erkennen können oder nicht erkannt haben, dass der Tod eingetreten ist. Vielleicht war der Sterbende sehr stark körperlichen oder materiellen Freuden zugetan, die er nicht loslassen wollte – oder er hatte das Gefühl, er müsse noch irgendetwas erledigen. Die Sensitiven, die mit solchen Fällen arbeiten, sind hoch spirituell und halten häufig so genannte »rescue circles« (Befreiungs-Zirkel) ab. Dabei handelt es sich um speziell ausgebildete Gruppen, die verlorenen Seelen helfen, den Weg ins Licht zu finden. Diese Zirkel werden in einem ganz bestimmten Rahmen abgehalten, und die Sensitiven arbeiten eng mit den geistigen Führern zusammen. Ich habe meine Zweifel, wenn jemand lauthals verkündet, dass er diese Arbeit mache, denn die Zirkelmitglieder, die voller Hingabe ihre Arbeit verrichten, tun dies in aller Stille und ohne großes Tamtam. Sie treten nie an die Öffentlichkeit und erledigen ihre Arbeit aus reiner Menschenliebe und um der Früchte willen, die letztendlich geerntet werden können, wenn alles Leben sich weiterentwickelt.

Geistwesen überall um uns

Ich liebe dich, wenn du dich in deiner Moschee verbeugst,
in deinem Tempel kniest, in deiner Kirche betest.
Denn du und ich, wir alle sind Söhne und Töchter einer Religion,
und das ist der Geist.
Kahlil Gibran

Obwohl es in der heutigen Zeit mehr Medien gibt als je zuvor, hat es immer Menschen gegeben, die von der Geistigen Welt inspiriert wurden. In der Tat ist die Liste endlos. In jeder Epoche gab es Propheten und Seher; in neuerer Zeit sind einige von ihnen als Medien bezeichnet worden.

Aber im Leben eines jeden wirkt die Geistige Welt. Einige sind sich des Einflusses bewusst, andere handeln nach ihrem, wie sie meinen, Gerechtigkeitssinn oder nach dem, was sie für richtig halten. Es hat immer viele Menschen gegeben, die wirklich inspiriert waren. Dazu gehören große Redner oder Wissenschaftler, aber auch Persönlichkeiten, die ein öffentliches Amt innehatten. Einige waren weit herum bekannt, von anderen haben wir nie etwas gehört. Doch ob sie nun bekannt sind oder nicht, etwas haben sie gemeinsam. Egal wie ihr persönlicher Lebensplan aussieht, ihr wichtigstes Ziel ist die Förderung allen Lebens. Ein weiteres sicheres Zeichen, dass Menschen von der Geistigen Welt inspiriert sind, ist, dass sie eher ganz selten Dankbarkeit und Anerkennung für ihre Bemühungen erwarten. Natürlich haben sie, einfach weil es nötig war, ihre Stellung manchmal dazu benutzt, die Aufmerksamkeit auf irgendeine Ungerechtigkeit zu lenken. Aber im Allgemeinen gilt, dass Menschen, die von der Geistigen Welt inspiriert werden, keinen persönlichen Gewinn aus ihrem Tun ziehen wollen.

Jeanne d'Arc, eine der bemerkenswertesten Frauen aller Zeiten, glaubte im Alter von dreizehn Jahren »Stimmen« zu hören. Sie war überzeugt davon, dass dies die Stimmen der heiligen Margareta, der heiligen Katharina und des heiligen Michael waren, die sie beschworen, Frankreich von der englischen Herrschaft zu befreien. Ihr Glaube an diese Stimmen war so stark, dass sie ihre Landsleute geschlossen hinter sich versammelte, sich der kirchlichen Einvernahme widersetzte und die Erlaubnis erhielt, Orléans mit einer Vorhut zu betreten. Innerhalb von zwei Wochen wurden die Engländer zum Rückzug gezwungen, und damit praktisch die Besetzung Frankreichs durch die Engländer für immer beendet. Ihren Glauben an ihre Mission und an ihre Stimmen musste sie teuer bezahlen, sie wurde damit zu einer der ersten im Verlauf der Geschichte, die für den schlecht durchdachten Begriff des Nationalismus starben. Ihre Stimmen aber – oder Inspirationen aus der Geistigen Welt – bewiesen, dass sich kein Mensch der Herrschaft eines anderen unterordnen sollte, wie ihre bemerkenswerten Triumphe auch deutlich zeigten. Bis ans Ende ihres physischen Lebens blieb Jeanne ihrem unbeirrbaren Glauben an die »Stimmen« treu. Sie wurde auf dem Scheiterhaufen verbrannt und zur Märtyrerin. Im Jahr 1920 sprach die katholische Kirche sie endlich heilig.

Wie ich schon sagte, die Liste ist endlos: Abraham Lincoln, der an Séancen teilnahm, Martin Luther King Jr., Nelson Mandela, Mutter Theresa von Kalkutta, Sir Winston Churchill, Emmeline Pankhurst, Mahalia Jackson, Walt Whitman, John F. Kennedy, und eine meiner persönlichen Favoritinnen neuerer Zeit, Maya Angelou, sind alles Menschen, die in meinen Augen von der Geistigen Welt inspiriert wurden, um ihren Mitmenschen zu helfen. Hören Sie sich die Lieder von John Denver an, und verfolgen Sie aufmerksam die Worte – können Sie dann noch zweifeln, dass er wirklich inspiriert war?

Eine Persönlichkeit, die hin und wieder von der Geistigen Welt inspiriert wurde, war Diana, Prinzessin von Wales. Die Prinzessin hatte mehrere Sitzungen bei mir, aber natürlich werde ich nichts über den Inhalt sagen. Ich fand es immer etwas traurig und ein bisschen merkwürdig, dass die Prinzessin nach der Sitzung keine der Tonbandaufnahmen mitnehmen wollte, sondern stattdessen jeweils einen Briefumschlag hinterließ, in dem ihr das Band später geschickt werden sollte. Sobald sie die Aufnahme erhalten hatte, pflegte sie ein kleines »offizielles« Kensington Palast Dankeskärtchen zu schicken, um den Erhalt zu bestätigen. Angesichts der Anschuldigungen in letzter Zeit bin ich froh, dass ich die Aufnahmen nicht behalten habe, wohl aber die Dankeskärtchen. Die Prinzessin, die von Tausenden von Menschen umgeben war, schien ein ziemlich einsamer Mensch zu sein. Die ehemalige Nonne, die uns miteinander bekannt machte, und die auch eine der Initiantinnen des Treffens der Prinzessin mit Mutter Theresa war, möchte nicht namentlich genannt werden, aber ich bin überzeugt, dass diese liebenswerte Nonne von der Geistigen Welt inspiriert wurde, das Treffen zu organisieren. In einem ganz kurzen Augenblick außerhalb unserer Sitzung fasste ich mir ein Herz, und fragte die Prinzessin, wen sie am meisten bewunderte. Ich war überrascht, als sie von einem bekannten Sänger und Unterhalter sprach und fast sehnsüchtig erklärte: »Ich bewundere alle, die den Mut haben, ihrem Leben eine andere Wendung zu geben.«

Wir sind auf allen Seiten von der Geistigen Welt umgeben. Einige Menschen, wie eben jene, die ich gerade aufgeführt habe, lassen es bewusst oder unbewusst zu, dass das Höchste mit ihnen und durch sie arbeitet. Diese Möglichkeit steht uns allen offen. Kommunikatoren aus der Geistigen Welt haben mir erklärt, dass es für sie keinen Unterschied mache, wer jemand ist und welche Position er im Leben innehabe. Wir können alle profitieren, wenn wir uns die Zeit nehmen »zuzuhören« und den Anweisungen der Geistigen Welt folgen. Ich bin überzeugt, dass viele Leute jetzt denken werden: »Na ja, ich bin weder eine Prinzessin noch ein Schriftsteller, ein Aktivist oder ein Politiker, was kann ich schon erreichen?«

Es kann nur zum Wohle von uns selbst wie auch zum Wohle unserer Welt sein, wenn wir offen sind für die Geistige Welt. Interessanterweise hatten viele geistig Inspirierte ein problembeladenes Leben, erlebten große Drangsal oder erfuhren viel Unmenschlichkeit.

Mein Freund Steve ist so jemand, ein Veteran des Vietnamkriegs und ein erfolgreicher Geschäftsmann. Steve kennt mich inzwischen gut. Vor einigen Jahren suchten mich zuerst seine Frau und seine Tochter auf. Sie hielten es anfänglich für unwahrscheinlich, dass Steve je zu einer Sitzung gehen würde, da sein Vater Seelsorger ist, und Steve im guten alten Süden der USA geboren und aufgewachsen war. Aber Steve hatte immer schon viele paranormale Erlebnisse, und ich fragte ihn eines Tages, wie viel ihm, seiner Meinung nach, diese Erlebnisse im Leben geholfen hätten. In einer Anwandlung von Ehrlichkeit erklärte er mir: »Sie haben mir geholfen, meine eigenen Vorstellungen vom Leben zu finden.« Bis auf den heutigen Tag versucht er, mindestens zwölf Dinge pro Tag für jemand anderen zu tun. Dabei ist es für ihn wichtig, dass der Hilfesuchende nicht herausfindet, wer ihm geholfen hat, sollte das der Fall sein, zählt diese Tat nicht zu den »guten Taten des Tages«. Für mich ist das eine wunderbare Art zu leben. Das Kinderlied »Wenn jeder zündt' ein kleines Lichtlein an, wie hell würd' dann die Welt erstrahlen«, kommt mir in den Sinn. Steves Leben ist ein schönes Beispiel dafür, wie inspirierend die Geistige Welt für das Leben jedes Einzelnen von uns sein kann.

Wenn ich den zu mir Kommenden erzähle, dass wir umgeben sind von unseren Freunden und unseren Lieben in der Geistigen Welt, dann reagieren einige mit Besorgnis. »Beobachten sie uns die ganze Zeit?« »Laufen sie uns den ganzen Tag nach?«, sind Fragen, die mir oft gestellt werden. Die uns nahestehenden Personen, Geistführer und Helfer in der Geistigen Welt haben das Ziel, ihre Seelen weiter zu entwickeln. Weder »spionieren sie uns nach«, noch verletzen sie unsere Privatsphäre. Mein

Geistführer Ramadahn hat mir einmal erklärt, dass es sich vergleichen ließe mit der Anwesenheit auf einer Party oder einer Versammlung. Sie gehen vielleicht zusammen mit Ihrer Frau oder Ihrer Partnerin/Ihrem Partner auf eine Party. Einmal dort geht jeder seine eigenen Wege, um verschiedene Leute zu treffen und unterschiedliche Dinge zu diskutieren. Trotz allem sind Sie sich der Anwesenheit Ihrer Partnerin auf diesem Fest bewusst. Wenn es für Sie beide Zeit ist, Kontakt aufzunehmen, wird wohl einer von Ihnen dem anderen einen Blick zuwerfen oder irgendwie seine Aufmerksamkeit erregen, und Sie werden aufeinanderzugehen. Die Kommunikation mit der Geistigen Welt funktioniert genauso. Wenn Sie das Bedürfnis haben, mit einem Geistwesen in Kontakt zu treten oder das Geistwesen den Kontakt zu Ihnen sucht, dann wird einer von beiden ein Zeichen geben. Um als Mensch mit einem physischen Körper mit einem Geistwesen in Kontakt zu kommen, ist es meist ausreichend, an die Person zu denken und einfach nachzufragen: »Wie geht es dir?« Wir sollten aber nicht bitten und betteln, auch niemals fordern, dass ein Geistwesen zu uns kommt. Ich sage immer den Klienten, die in einer Sitzung darauf bestehen, dass ich mit einer bestimmten Person in der Geistigen Welt in Kontakt trete: »Hier auf Erden funktioniert es schon selten, wenn wir verlangen, dass jemand etwas Bestimmtes tut – warum sollte das in der Geistigen Welt anders sein?«

Sie müssen nicht immer die Dienste eines Mediums in Anspruch nehmen, wenn Sie mit der Geistigen Welt in Kontakt treten wollen, aber es fällt manchmal schwer, objektiv zu bleiben, wenn es sich um Menschen handelt, die wir kennen und lieben. Manchmal ist ein Medium nötig, um die Zeichen zu erkennen, die zeigen, dass ein Geistwesen bei uns ist – manchmal sind die Zeichen schon da und zwar ganz offenkundig und doch braucht es ein Medium, um den wesentlichen Hinweis zu geben.

Ich bin auch oft gefragt worden, ob die Verstorbenen in anderer Gestalt zurückgekehrt sind. So hat mir zum Beispiel eine Frau erzählt, dass sie nach dem Tod eines Verwandten häufig Schmetterlinge sah, und sie überlegte, ob das irgendeine Bedeutung hatte. Zunächst einmal glaube ich nicht an Zufälle, aber ich glaube auch nicht, dass unsere Angehörigen in anderer Form wiederkehren. Ich weiß hingegen, dass die Geistige Welt Zeichen schickt. In diesem Fall war es der Schmetterling. Der Schmetterling bedeutet interessanterweise als Symbol Transformation. Die Frau ist glücklich, denn jedes Mal, wenn sie irgendetwas anzweifelt oder unsicher ist, sieht sie einen Schmetterling und weiß, dass ihre Angehörigen bei ihr sind.

Viele wollen mehr erfahren, aber die meisten Menschen können nicht innehalten und ihre Aufmerksamkeit auch nur für kurze Zeit nicht auf die Geschehnisse dieser Welt richten. Aber nur wenn wir unser Augenmerk mental, spirituell und emotional von den Sorgen dieser Welt weg auf andere Dinge lenken, können wir anfangen, die Geistige Welt und ihr Umfeld wahrzunehmen. Bevor wir das nicht gelernt haben und wirklich mit den Leuten in der Geistigen Welt in Kontakt treten können, wird uns wohl nichts anderes übrig bleiben, als uns mit einigen der am meisten verbreiteten Anzeichen, die zeigen, dass unsere Angehörigen bei uns sind, zufrieden zu geben. Einige dieser Zeichen sind:

Licht, das flackert, Elektrizität. Ich würde niemals akzeptieren, dass ein Licht, das nur ein-, zweimal flackert, ein Zeichen aus der Geistigen Welt ist. Aber ich habe miterlebt, wie die Geistige Welt mit Hilfe der Elektrizität in Austausch mit dieser Welt tritt. Das ist nicht weiter überraschend, denn Elektrizität hat einen schnellen Fluss. Ich glaube, das ist eines der am weitesten verbreiteten Phänomene. Am Eindrücklichsten habe ich es in einem Hotel in New York erlebt. In dem Raum stand ein Fernsehgerät in einem Holzschrank. Natürlich ist der Schrank verschlossen, wenn Leute zu mir kommen. Besonders bei jungen Geistwesen schaltete sich, bei dem Versuch, mit ihnen zu kommunizieren, öfters der Fernseher plötzlich ein. Beim ersten Mal dachte ich noch, dass sich jemand auf die Fernbedienung gesetzt hätte. Nachdem die Klienten gegangen waren, probierte ich, den Apparat bei geschlossenen Schranktüren anzustellen, aber nichts geschah. Nachdem sich das Einschalten wiederholte, versteckte ich die Fernbedienung im Nebenzimmer, doch der Fernseher schaltete sich immer noch ein. Auch als das Hotel die elektrischen Leitungen überprüft und den Apparat ausgewechselt hatte, begann das Fernsehen gelegentlich bei den Sitzungen zu laufen. Festgestellt habe ich, dass bei sehr dichter Atmosphäre oder wenn das kommunizierende Geistwesen eine junge Person oder ein sehr starker Mensch war, diese Zeichen häufiger auftraten.

Gerüche, Bewegungen. Gelegentlich nimmt man einen Geruch wahr, den man sofort mit einem verstorbenen Angehörigen in Verbindung bringt. Geschieht das öfter und an verschiedenen Orten, dann kann man sicher sein, dass die betreffende Person in der Nähe ist.

Ich möchte nicht, dass man alles und jedes als ein Zeichen der Geistigen Welt ansieht. Manche haben das Glück und werden darauf aufmerksam gemacht, Ausschau zu halten nach bestimmten Gaben oder Beweisen – zum Beispiel, dass sich ein Spiegel oder eine Fotographie bewegt. Wenn man wahrnimmt, dass sich ein Spiegel oder ein Möbelstück bewegt, dann könnte das ein Signal der Geistigen Welt sein. Passiert das ein- oder zweimal, ist wahrscheinlich nur ein Familienmitglied der Auslöser, aber wenn Sie merken, dass Sie jedes Mal, wenn Sie an einem Rahmen oder einem Spiegel vorbeigehen, diesen zurechtrücken, vorausgesetzt Sie wohnen nicht in einem Erdbebengebiet oder haben eine unbeholfene Haushälterin, sollten Sie sich vielleicht überlegen, wer ihn jedes Mal verschiebt.

Geschenke. Geschenke in Form von Federn, Muscheln, Münzen oder auch einem Windspiel, das leise klingelt, wenn kein wahrnehmbarer Wind weht, können ebenfalls Zeichen sein, dass Angehörige in der Geistigen Welt Wege suchen, um zu sagen, dass sie da sind.

Besuche. Eines der deutlichsten Zeichen ist der Besuch, und der unterscheidet sich ganz deutlich vom Traum. Besuche werden oft missgedeutet. Manche haben mir erzählt, dass sie von ihrer Mutter oder ihrem Vater »geträumt« haben und dass es ganz real zu sein schien, aber dann haben sie aus irgendeinem Grund gesehen oder gespürt, dass die betreffende Person weinte. Als sie dann aufwachten, war das recht erschreckend, weil sie spürten, dass etwas Unschönes passiert ist, und sie waren traurig, weil ihre Angehörigen traurig oder aufgeregt waren. Ein Gefühl wie bei einem Alptraum. Deshalb tun wir diese Besuche oft als bedeutungslos ab. Für mich kann ein Traum sehr lebhaft sein, aber meist ist er sinnlos, und häufig gibt es eine rationale Erklärung dafür. Besuche jedoch sind etwas ganz anderes. Sie sind von der Dauer her selten lange, aber sie sind immer sehr real. Wenn ich die Ratsuchenden zu diesen Besuchen befragte, war es für die meisten fast unmöglich zu erklären, warum sie das Gefühl hatten, ihre Besucher seien so echt und so lebendig. Meine Freundin Lilia Logette erlebte einen Besuch, in dessen Verlauf ihr verstorbener Vater tatsächlich ihre Hand hielt.

Normalerweise geschehen solche Besuche, wenn wir es am wenigsten erwarten, wenn wir emotional erschöpft sind. Um in einen veränderten Bewusstseinszustand zu kommen, in den ein Medium geht, müssen wir alle unsere Hemmungen, Vorurteile und Ängste loslassen. Das fällt den meisten nicht leicht, aber wenn wir emotional ausgelaugt sind, wenn wir müde oder erschöpft sind, dann spielen diese Dinge einfach keine Rolle mehr, und wir sind offener für eine Kommunikation mit der Geistigen Welt. Daher ist es nicht weiter überraschend, dass das häufig im Schlaf passiert, wenn wir uns am meisten öffnen. Manchmal wacht jemand während eines solchen Besuches auf und ist absolut überzeugt, dass sich jemand im Raum befindet. Häufiger jedoch ist der Besuch sehr einfach und sehr real – eine übliche Erfahrung dabei ist das Berühren, Halten oder Streicheln eines Angehörigen. Oft wird auch etwas gesagt, aber selbst wenn das nicht der Fall ist, sind diese Besuche immer sehr emotional. Darum haben wir manchmal nach dem Aufwachen das Gefühl, dass unsere Lieben verzweifelt waren, das hat aber nur mit unserer Vorstellung zu tun, die wir gedanklich mit dem Tod verbinden.

Ich hatte das große Glück, persönlich am helllichten Tag einen solchen Besuch, eine Erscheinung, zu haben, auf die ich später noch zu sprechen komme. Zuvor möchte ich denjenigen von Ihnen, die versuchen, in Kontakt mit ihren Angehörigen und Freunden zu kommen, ein von der Geistigen Welt inspiriertes Gedicht aufschreiben, damit Sie darüber nachdenken können.

Denk an mich, wenn sich der Schlaf dir naht,
Und ich so fern bin, der ich dich doch liebe.
Denk an mich dann, und ich werd bei dir sein,
Nicht nur bei Nacht, auch in des Tag's Getriebe.

Streck deine Hand aus in der Nächte Dunkel
Und eine andre Hand wird deine sanft berühren.
Du wirst wie früher meine Stimme hören
Und meinen leichten Kuss auf deinen Lippen spüren.

Von der Geistigen Welt inspiriert, anonymer Autor

Sean

Mut ist der Preis, den das Leben fordert,
damit es Frieden gewährt.
Amelia Earhart

In diesem Kapitel möchte ich Ihnen nun von meinem Geistbesuch am hellichten Tag berichten. Ich glaube nicht, dass ich diese Erfahrung machen konnte, weil ich ein Medium bin. Viele Menschen haben mir von ähnlichen Treffen erzählt, dass sie tatsächlich eine Person nach ihrem Tod gesehen oder sich mit ihr getroffen haben. Ich bin davon überzeugt, dass sie aufgrund verschiedener Faktoren zustande kam, wobei die enge Verbindung zwischen mir und der betreffenden Person eine nicht unwesentliche Rolle spielt. Vielleicht lag es aber auch daran, dass unsere Freundschaft nie wirklich »Sinn« machte, und die betreffende Person von mir lernte, aber ebenso für mich ein Lehrmeister war. Ohne Zweifel hat Schock auf beiden Seiten eine Rolle gespielt. Für mich zeigt dieses Beispiel auch, warum bestimmte Menschen ein Teil von unserem Leben sind.

Ich lernte Sean 1992 kennen. Von Anfang an machten sich die meisten meiner spiritualistischen Freunde nichts aus ihm, und einige meiner Freunde aus dem Kreis der Medien lehnten ihn regelrecht ab. Doch jeder, der ihn neu kennen lernte, fand ihn erst einmal »lustig«. Er war ganz anders als meine sonstigen Freunde. Er war ungeheuer kontaktfreudig. Das ging so weit, dass, wenn man Sean irgendwo fünf Minuten allein ließ, man ihn bei der Rückkehr von einer Schar von Leuten umgeben fand. Er war humorvoll und konnte großartig Anekdoten zum Besten geben, denn er hatte in seinen zweiunddreißig Lebensjahren schon eine ganze Menge Dinge in seinen Rucksack gepackt. Er hatte Schauspielerei gelernt und trat im Nationaltheater auf, er interessierte sich leidenschaftlich für Sport, vor allen Dingen Fußball; und er sah so gut aus, dass die Leute manchmal stehen blieben und ihn anstarrten; und mehr als einmal, wenn er an der Bar saß, schob ihm ein Mädchen ihre Telefonnummer zu. Er war ein Freigeist in dem Sinn, dass er es hasste, irgendetwas zu planen – wenn es einem gelang, ihn zu einem Treffen zu überreden, wusste man nie so genau, ob und wann er erscheinen würde. Häufig war jemand, den er unterwegs traf und den er interessant fand, das Zünglein an der Waage, ob er allein kam oder mit anderen, und höchst selten, wenn überhaupt, kam er pünktlich. Männer wie Frauen fühlten sich zu ihm hingezogen, da er sich mit beiden locker über die meisten Themen unterhalten konnte. Doch Sean hatte auch eine dunkle Seite: Er war nicht nur ein eingefleischter Raucher, er war auch Alkoholiker. Bei unserer ersten Begegnung wusste ich es noch nicht, aber rückblickend erinnere ich mich, dass er hoffnungslos betrunken war und ziemlich unhöflich. Zum damaligen Zeitpunkt dachte ich nur, dass er ein Glas zuviel getrunken hätte. Welches Gewicht diese Worte noch bekommen sollten!

Sean faszinierte mich, und irgendwie fühlte ich mich verantwortlich für ihn. Wenn er nüchtern war, war er intelligent, geistreich und freundlich zu allen, denen es schlecht ging. Wie oft geschah es, dass wir eine Straße entlang gingen, uns eifrig unterhielten und ich plötzlich merkte, dass Sean nicht mehr neben mir ging. Wenn ich mich umdrehte, um zu schauen wo er war, sah ich, dass er ohne ein Wort zu sagen die Straße überquert hatte, um irgendeiner Frau im Rollstuhl aus dem Bus zu helfen. Wie oft geschah es, dass er über eine Straße verschwand, und ich ihn wiederfand, wie er gerade sein letztes Geld einem Bettler oder Obdachlosen gab. Weil er mit seiner Arbeit als Schauspieler finanziell immer leicht auf der Kippe stand, sagte ich stets zu ihm: »Warum hast du dein letztes Geld weggegeben, jetzt hast du keines mehr für dich.«

»Das ist schon in Ordnung«, pflegte er zu entgegnen. »Ich kann immer wieder welches verdienen; diese Leute haben gar nichts.«

Er war sehr verletzlich, und seine größte Sorge im Leben galt seiner Mutter und seinem Bruder. Er verhielt sich beiden gegenüber sehr beschützend. Aber jedes Mal, wenn ihm die Dinge über den Kopf wuchsen, ging Sean auf »Sauftour«. Ich habe nie zuvor und seither nie wieder jemanden gesehen, der achtzehn Pint (etwa zehn Liter) Guinness in einem Durchgang trinken konnte. Nach seinen Saufattacken war Sean für gewöhnlich in nachdenklicher Stimmung, und seine Fragen über den Sinn des Lebens nahmen kein Ende. Er war katholisch erzogen worden. Nach dem Tod seines Freundes, der an einer Überdosis Drogen starb, machte er sich Gedanken über das Sterben und den Tod. Damals wusste ich noch nicht, dass er Priester aufgesucht hatte, um zu erfahren, was mit uns nach dem Tod geschieht und ob es im Zeitpunkt des Todes irgendetwas zu befürchten gab für uns. Später erzählte er mir, dass keiner von ihnen imstande gewesen war, ihm eine befriedigende Antwort zu geben. Gelegentlich kam er in meiner Wohnung vorbei, oder ich fand ihn, falls ich gerade Klienten hatte, wartend vor meiner Tür. Bei einem seiner Besuche hatte ich zuvor den Kantor der Synagoge und seine Familie bei mir gehabt. Es war eine sehr erfolgreiche Sitzung gewesen, und ich weiß, dass der Kantor sehr glücklich war mit dem, was er von seinem jungen Sohn aus der Geistigen Welt erfuhr. Ich hatte nicht bemerkt, dass Sean vor der Tür saß. Einige Minuten nachdem mein Klient gegangen war, läutete die Türglocke. Es war Sean. Eine seltsame Unterhaltung folgte. Er setzte sich und sagte plötzlich: »Weißt du, ich kenne dich jetzt seit fünf Jahren. Ich weiß nicht wirklich, was du machst und wie du es machst, aber ich habe die Leute beobachtet, die zu dir gekommen sind, und ich kann sagen, dass diejenigen, die ich gesehen habe, bei ihrem Weggang viel glücklicher ausgesehen haben, als bei ihrem Kommen. Deshalb muss es eine gute Sache sein.«

Er bat mich dann, ihm eine Sitzung zu geben und zu versuchen, mit seinem verstorbenen Freund in Kontakt zu kommen. Ich sagte ihm: »Dass ist schwierig für mich, da ich vieles über dich und deine Freunde von dir erfahren habe.« Ich hatte so manche trunkene Beichte gehört, wer wer war und was sie einander bedeuteten, deshalb würde es für mich schwierig sein, eine »objektive« Sitzung zu geben. Die Wahrscheinlichkeit, dass sich die Botschaft der Geistigen Welt mit meinem Wissen verbinden würde, wäre groß. Ich erklärte Sean: »Meiner Meinung nach wird dein Freund eine Möglichkeit finden, sich zu zeigen, wenn du ihn darum bittest, vorausgesetzt ihr wart richtig gute Freunde.« Ein weiterer Grund für meine Weigerung war mein Gefühl, dass Sean, gleichgültig welche Beweise ich auch immer vorbrachte, wahrscheinlich meinen würde, dass er mir das irgendwann einmal erzählt hatte. Ich hatte das Gefühl, dass er seine eigene Erfahrung machen musste, auch wenn ich keine Ahnung hatte, ob ich ihm mit meinem Vorschlag helfen würde.

Eines Morgens um elf rief ich Sean zufällig an und erhielt keine Antwort. Das war nicht ungewöhnlich, da ich wusste, dass er, wenn er nicht arbeitete oder sich die vorangegangene Nacht auf einer Party um die Ohren geschlagen hatte, zumeist nicht vor der Mittagszeit wieder auftauchte. Kurz nach Mittag läutete mein Telefon und Sean war dran.

»Hast du mich vor ungefähr einer Stunde angerufen?«

»Ja«, erwiderte ich. »Wenn du das Telefon gehört hast, warum hast du nicht geantwortet?«

Er erklärte mir, dass er das Telefon gehört und auch gewusst habe, dass ich es sei. Das machte mich natürlich ärgerlich. »Warum hast du dann nicht geantwortet?«

»Nun, ich hatte einen Traum, aber eigentlich habe ich nicht richtig geschlafen. Ich habe das Telefon gehört, und irgendwie wusste ich, dass du am Draht warst, aber der Traum, den ich hatte, war so schön.« Er sagte mir, dass er während der letzten Monate um ein Zeichen von seinem verstorbenen Freund Terry gebeten hatte.

Dann erzählte er mir, dass er in seinem Traum ein Schiff gesehen habe, und an Bord dieses Schiffes liefen Menschen, von denen er instinktiv wusste, dass sie alle »tot« waren. Ich bat ihn um eine genauere Beschreibung.

»Ich ging auf dieses Schiff, und da stand Terry an der Reling. Ich lief zu ihm hin und sagte, ›Hallo Terry, wie geht es dir?‹ Er drehte sich um und sagte, ›Sean, ich bin nicht tot‹, und dann berührte er meinen Arm. Es war phantastisch.«

»Ist das alles?« Ich schrie fast ins Telefon. »Er hat gesagt, er sei nicht tot, und dann hast du das Gefühl, du hättest ihn berührt. Mehr hast du nicht gebraucht, um zu finden etwas sei ›phantastisch‹? Was hat dir das gebracht?« Sean erwiderte: »Du verstehst das nicht, ich habe ihn wirklich berührt, und die Art, wie er mir sagte, dass er ›nicht tot‹ sei – nun, ich habe keine Angst mehr vor dem Tod.« Sean sprach nie wieder von diesem »Besuch«.

Drei Monate später, nach einer Fahrt an die Südküste von England, zusammen mit unseren Freunden Heather und Antoinette, reisten wir vier mit dem Zug zurück nach London. Wir waren alle vier erschöpft, denn wir hatten an dem Wochenende reichlich an Partys teilgenommen und übermäßig Wiedersehen mit alten Freunden gefeiert. Heather, Antoinette, Sean und ich kannten uns seit 1992. Die beiden Mädchen hatten den Unterricht zur Entwicklung der Medialität besucht, den ich an der spiritualistischen Kirche gab. Heather knipste während der Fahrt den Film einer Wegwerfkamera voll. Wir kamen in London an, und Sean und ich machten uns auf den Weg in den Westen, während die Mädchen eigene Wege gingen. Gegen 15.30 Uhr kamen wir in meiner Wohnung an. Sean ging gleich weiter, weil er um 16.45 Uhr seine Mutter besuchen wollte. Ich sollte an diesem Abend in einer Kirche eine Demonstration medialer Fähigkeiten zeigen und lehnte deshalb Seans Vorschlag, noch etwas in einem Pub im Ort trinken zu gehen, ab. Er ging und sagte beim Abschied: »Wenn ich dich nicht heute Abend anrufe, melde ich mich morgen bei dir.« Zehn Minuten später legte ich mir Anzug und Kleidung für die abendliche Demonstration bereit, und aus irgendeinem unerfindlichen Grund konnte ich das Abzeichen, das mich als Geistlichen auswies, nicht finden.

Etwas drängte mich, den Pub im Quartier anzurufen, um zu sehen ob Sean dort hingegangen war oder ob er mir etwas vorgegaukelt hatte. Als ich anrief, war ein anderer Freund, Michael, am Apparat und als ich mich nach Sean erkundigte, erwiderte Michael, und seine Stimme klang irgendwie aufgeregt: »Oh, er ist gerade gegangen«, und dann verstummte das Telefon. Es dauerte keine fünf Minuten, da stand Michael vor meiner Tür. Der arme Mann war absolut am Boden zerstört. Offensichtlich war Sean ins Lokal gekommen, hatte ein Glas Wasser verlangt und ein Guinness, hatte das Wasser getrunken, zwei Schritte rückwärts gemacht und war zusammengebrochen. Der Rettungswagen wurde gerufen und Sean ins Spital gebracht. Sofort bat ich Michael, die Kirche anzurufen und meine Demonstration abzusagen. Ich rannte zu Seans Mutter.

Rückblickend scheint es merkwürdig, wie sich die Dinge dann entwickelten. Vor dem Wohnhaus war ein anderer Freund, Adrian, der an einem Auto bastelte. Adrian wohnte nicht in dieser Straße, und doch war er da. Ich holte Seans Mutter ab und fragte Adrian, ob der Wagen fahrtüchtig sei. Als er die Frage bejahte, bat ich ihn, uns zum örtlichen Spital zu fahren, in das Sean von der Ambulanz gebracht worden war. Als wir ankamen, wusste ich sofort, dass die Dinge nicht gut standen. Einige Mitarbeiter unseres Gemeindespitals kennen mich, und sie wandten ihre Blicke ab, als sie mich hereinkommen sahen. Die Schwester brauchte einige Augenblicke, um uns zu erklären, dass Sean zusammengebrochen war und aufgehört hatte zu atmen. Er erlitt einen schweren Herzanfall, und es gab keinerlei Möglichkeit, ihn zu retten. Tatsächlich ist er, wie ich später erfahren habe, schon in Michaels Armen gestorben. Aber Michael, ein sensibler Mensch, der mich seit über dreißig Jahren kannte, dachte zuallererst, wie wird Robert darauf reagieren?, und er brachte es nicht übers Herz, mir die schlechte Nachricht zu überbringen. Bis auf den heutigen Tag bin ich dankbar, dass Michael für Sean da war.

Am weiteren Abend fühlte ich mich wie in einem Nebel. Zuerst musste ich Seans Mutter trösten, dann half ich seinem Bruder, mit der Polizei und mit den Formalitäten im Spital. Zu später Stunde fiel ich in einen tiefen Schlaf. Ich bin sicher, dass ich unter Schock stand. Am nächsten Tag so gegen elf Uhr morgens erwachte ich und bemerkte, dass Heather und Michael in meinem Wohnzimmer saßen. Sie hatten beide die Nacht in meiner Wohnung verbracht, und ich hörte deutlich, wie Michael sagte: »Ich glaube, das könnte ihn zugrunde richten, ihn und alles, woran er glaubt. Ich hoffe, er kommt darüber hinweg.« Genau in dem Augenblick, hellwach bekam ich die Unterhaltung im Nebenzimmer mit, bemerkte ich, wie mein Blick wie magnetisch angezogen zur Schlafzimmertür wanderte, wo stetig, aber sehr schnell etwas auftauchte. Ich sah Sean. Es war kein Hirngespinst: Er war da. Er stand in der Tür und fragte: »Hast du ein bisschen Geld für mich? Ich muss mir Zigaretten besorgen.«

Mein Schreck und mein Erstaunen war so groß, dass ich antwortete: »Ja, da sind zehn Pfund in meiner Hosentasche, dort drüben über dem Stuhl.« Sean bewegte sich und ging zurück zur Tür. In dem Moment dachte ich: »Du brauchst nicht so viel Geld für Zigaretten, du gehst noch etwas trinken, ich komme mit dir.« Da hörte ich Sean sagen: »Nein, diesmal kannst du nicht mitkommen«, und in Sekundenschnelle war er verschwunden. Es war klar und eindeutig Sean. So ganz real und tröstlich, so untrüglich kann der Besuch einer Erscheinung sein. Einfach und echt.

Später bekamen viele Freunde Zeichen von Sean, manche so respektlos wie er manchmal war. Als ich ungefähr ein Jahr nach seinem Tod sein Grab besuchte, dachte ich, es wäre eine nette Geste für seine Mutter, wenn jemand Kerzen auf seinen Grabstein stellte. Ich wusste, dass die Familie katholisch war und besorgte Kerzen in Glasbehältern, mit Bildern der Jungfrau Maria auf dem Zylinder. Aber egal wie sehr Heather und ich uns bemühten, die Kerzen anzuzünden, sie gingen immer wieder aus, und das ging so weit, dass wir uns am Grab vor Lachen ausschütteten. Um mich nicht geschlagen zu geben, kaufte ich sogar ewig brennende Kerzen, solche, die sich wieder entzünden, wenn sie ausgelöscht werden. Aber auch die brannten nicht. Irgendwann wussten wir, dass Sean etwas damit zu tun hatte.

Ein anderes überzeugendes Zeichen entdeckten wir ein paar Wochen nach Seans Beerdigung. Heather hatte den Film aus der Wegwerfkamera entwickelt, den sie im Zug drei Stunden vor Seans Tod verknipst hatte. Auf den ersten Blick schien nichts speziell außergewöhnlich zu sein, außer dass Sean und ich zusammen saßen und um mich herum Sonnenlicht leuchtete. Um Sean herum schien sich eine braune Wolke oder ein Nebel zu befinden. Ich bat Lionel Owen, den ehemaligen Präsidenten der International Spiritualist Federation (Internationale Spiritualisten-Föderation), einen Blick auf die Fotos zu werfen, ohne ihm jedoch Informationen dazu zu geben. Lionel interessiert sich sehr für paranormale Fotographie und weiß ziemlich viel zu diesem Thema. Direkt als er das Bild in den Händen hielt, sagte er: »Diese Person muss verstorben sein, was ihr da aufgenommen habt, ist der letzte Rest seiner Energie.« Es war für uns alle sehr tröstlich zu wissen, dass Sean, obwohl er erst neununddreißig Lenze zählte, »nicht vor seiner Zeit« gestorben war, sondern dass er das zu Ende gebracht hatte, wofür er gekommen war, auch, um es mit anderen zu teilen.

Doch erst als ich einen privaten Gedenkgottesdienst für Sean abhielt und dabei einige der Dinge aufzählte, die sich in den sechs Jahren unserer Freundschaft ereignet hatten, fiel der Groschen endgültig. Ich hatte mir immer wieder die Frage gestellt: »Nun, was sollte das alles, warum ist diese Person in mein Leben getreten und so plötzlich wieder daraus verschwunden?«

Ich erkannte urplötzlich, dass es einfach ist, auf der Kanzel zu stehen und den Leuten zu sagen, was sie tun sollen, um dann selber munter und fröhlich den eigenen Geschäften nachzugehen, ohne diese Ratschläge irgendwie umzusetzen. Wenn Sean, dadurch dass er mich kennengelernt hatte, seine Angst vor dem Tod verlor, so hatte meine Bekanntschaft mit ihm mir gezeigt, dass viele von uns nur über gute Taten reden, viele von uns sich aufgrund unserer Arbeit, unserer Bildung, unserer Berufung für etwas Besseres halten. Es brauchte ein verletzliches Opfer des Alkohols, um mir klarzumachen, dass wir, wenn wir uns für einen spirituellen Goodwill einsetzen, auch gewillt sein sollten, diesen in unseren Taten durchzuhalten.

Wie kann uns die Kommunikation mit der Geistigen Welt helfen?

Um zu erfahren, wie die Straße vor uns aussieht,
frage diejenigen, die uns entgegenkommen.
Chinesisches Sprichwort

Ich bin zu dem Schluss gekommen, dass die Kommunikation mit der Geistigen Welt nicht jedermanns Sache ist. Manche Menschen interessiert es nicht, andere sind dagegen, und einige, auf beiden Seiten des Lebens, sind noch nicht so weit. Was meine Medialität anbelangt, so war es immer mein Bestreben, mit jedem Kontakt besser zu werden, und ich glaube nicht, dass ich jemals mit den Ergebnissen zufrieden sein werde, auch weil ich versuche, die mir bekannten Grenzen zu erweitern.

Oft begegnen mir Menschen, die, gleichgültig welche Informationen das Medium von der Geistigen Welt weitergibt, versuchen, das Ganze vernunftmäßig zu erklären. Im schlimmsten Fall behaupten sie, das Medium habe die Informationen schon vor der Sitzung eingeholt und im besten Fall, das Medium sei irgendwie imstande, die Gedanken der Menschen zu lesen. Jedes Mal, wenn einer dieser Einwände vorgebracht wurde, habe ich mich an Ramadahn gewandt, und ihn gefragt, ob es nicht eine Möglichkeit gäbe, solche Erklärungen als haltlose Fehlspekulationen darzustellen. Er hat immer einen Weg gefunden. Zunächst einmal genügt ein Blick in meinen Kalender, und selbst ein Zyniker würde wissen, dass bei den vielen Reisen das Einholen von Informationen über so viele Leute in so vielen verschiedenen Ländern ein hoffnungsloses Unterfangen wäre. Es ist für mich nichts Ungewöhnliches, wenn ich in einem Jahr zehn verschiedene Länder besuche. Ich müsste eine ganze Armee von Zuträgern beschäftigen, um an die nötigen Informationen heranzukommen, und ich kann Ihnen versichern: Das tue ich nicht! Wenn ich öffentliche Veranstaltungen vereinbare, habe ich keinerlei Kontrolle darüber, wer an diesen Veranstaltungen teilnimmt, oder wer eine Botschaft erhalten soll. Nicht einmal ich weiß bis zum Aufstehen, zu wem im Raum ich gelenkt werde. Stets sagt mir die Geistige Welt, zu wem ich gehen solle. Ich habe nichts übrig für Medien, die vorne stehen und zu den Leuten im vollbesetzten Saal sagen: »Kennt irgendjemand hier im Saal einen ›Hans‹?« Es wird mit Sicherheit in jedem Saal einige Menschen geben, die den Namen kennen.

Ich habe erlebt, wie viel eine echte Kommunikation einem Klienten bedeuten kann. Es muss sich nicht einmal unbedingt um einen Menschen handeln, der direkt durch den Tod eines nahen Angehörigen betroffen war.

Hier ein typisches Beispiel: Im März 2002 bat mich Steve, einem Freund von ihm eine Sitzung zu geben. Seltsamerweise sagte man mir nur, als ich dem Mann vorgestellt wurde, sein Name sei ebenfalls Steve. Er schien ein netter Mensch zu sein, aber da war etwas an ihm, das mir wie »gebrochen« vorkam. Vorsichtig wie er war, bat er mich, sobald wir beide allein waren und das Tonbandgerät eingeschaltet hatten, nachzuprüfen, ob ich nicht doch wüsste, wer er war. Ich erwiderte, dass ich keine Ahnung hätte, wer er sei. Dieser Mann schien so ausgelaugt, dass er wie ein junger Mann mittleren Alters aussah, aber etwas an ihm gab einem das Gefühl, als ob er »zusammengeschlagen« oder durch die Mangel gedreht worden wäre. Er schien eine Niederlage erlitten zu haben, und doch wirkte er, als ob er niemals aufgeben würde. Die Sitzung dauerte fast eineinhalb Stunden, und die meiste Zeit, in der ich Informationen übermittelte, nickte »Steve« nur oder grunzte ein ja oder nein. Er gab mir nie auch nur das kleinste Zipfelchen von Informationen.

Es war, als ob er von Berufs wegen gewohnt wäre zuzuhören. Er sagte: »Okay, sagen Sie mir, was Sie sehen oder hören.« Die Informationen, die durchgegeben wurden, waren konkret, grauenvoll und sehr detailliert. Als wir schließlich fertig waren, fragte ich »Steve«, ob er mit nach unten in die Gesellschaft komme, aber er antwortete, er wolle ein paar Minuten allein sein. Nach einer Weile erschien er im Wohnraum meines Freundes und kam auf mich zu. Er hatte einen großen Umschlag in der Hand, und noch einmal fragte er mich vor meinen Freunden, ob ich irgendeine Ahnung hätte, wer er sei. Jetzt schalteten sich meine Freunde ein: »Steve, Robert lebt in London, er hat keine Ahnung, wer du bist.« Daraufhin überreichte er mir den Umschlag und erklärte, er würde mir gerne ein Geschenk machen. Im Umschlag war ein Buch. Es trug die Inschrift »Für meinen unglaublichen, neuen Freund. Robert, du bist erstaunlich! Mit freundlichen Grüßen Steve Thomas.« Der Buchtitel lautete: »Jon Benet, die Untersuchung des Ramsey Mordes aus der Perspektive eines Insiders, vom leitenden Kriminalbeamten, STEVE THOMAS, gemeinsam mit Don Davis«. Die Informationen, die ich ihm übermittelt hatte, lösten eine sichtbare Veränderung bei diesem Mann aus. Er schien seine Kraft wiedergewonnen zu haben, und als er ging, schien es, als hätte sich eine dunkle, schwere Wolke von seinen Schultern gehoben.

Ein weiterer Vorwurf ist, dass die Medien ihre Informationen vom Klienten »abzapfen«. In der Presse wurde schon viel über dieses »Abzapfen« gesprochen. Skeptiker machen darauf aufmerksam, dass Medien oft verkappte Fragen stellen. Zum Beispiel: »Ich habe einen Mann hier aus der Geistigen Welt, er scheint wie ein Vater zu sein, ist ihr Vater verstorben?« Wenn der Klient bejaht, arbeitet das Medium von dem Punkt an mit der Information, die es vom Klienten erhält und nicht direkt mit der Geistigen Welt. Beim »Abzapfen« wird der Klient oft mit vielen Namen bombardiert (Kennen Sie einen Robert? Einen Hans? Einen Michael?). Natürlich bestätigt der Klient die ihm bekannten Leute, über die anderen wird schnell hinweggegangen. Ich weiß, es gibt skrupellose Medien, die das machen. Auch auf einigen Videoaufnahmen erkennt man deutlich, dass keine klaren Beweise geliefert werden, dass man sich auf ein Frage- und Antwortspiel, ein (»treff ich's« oder »verfehl ich's«) »auf gut Glück«-Vorgehen einlässt. Ich mache nicht nur den Medien einen Vorwurf, sondern auch den Leuten, die solche »Medien« fördern. Es besteht ein Hunger nach Informationen, eine Sehnsucht, zu wissen und zu glauben, warum prüfen wir dann nicht sorgfältig nach, anstatt sensationelle Versprechungen auf augenblickliche Befriedigung zu machen? Es sollte doch allen, die auf der Suche nach der Wahrheit sind – einschließlich der Medien, die Wert auf ihre Integrität legen – klar sein, dass es umso ehrlicher ist, je weniger ein Medium im Voraus weiß.

Vor langer Zeit wurde mir bei einer öffentlichen Veranstaltung von jemandem aus dem Publikum folgende Frage gestellt: »Lesen Sie Gedanken oder ist da wirklich etwas dran?« Im selben Augenblick nahm ich die Anwesenheit von Rahmadahn wahr. Er riet mir: »Wenn ich Ihnen erst etwas sage, woran Sie gedacht haben, und anschließend etwas, das Sie nicht wissen, aber später verifizieren können, könnten Sie dann zumindest für die Möglichkeit offen sein, dass ich mit etwas anderem in Kontakt bin, als mit ihren Gedanken?« Ich wiederholte es laut, und die Person willigte ein, es zu versuchen. Ich redete weiter und sagte ihm, dass er sich Sorgen machte wegen seiner Stelle, dass er das Gefühl hatte, er würde entlassen, und noch andere Dinge, von denen er zustimmte, dass sie ihm Sorgen machten. Dann fuhr ich fort und beschrieb seinen Vater, der in der Geistigen Welt war. Ich erklärte ihm, dass er die Uhr seines Vaters in seinem Besitz hatte, und er bestätigte es. Ich sagte ihm, dass die Uhr funktioniere, aber nicht ginge, und er antwortete: »Das kann sein, ich habe sie seit einigen Jahren nicht mehr gesehen.« Ich übermittelte des Weiteren, dass sie in einer Schublade in seinem Schlafzimmer lag, und auch das hielt er für möglich. Danach sagte ich ihm, dass er, sobald er die Uhr gefunden hätte, feststellen würde, dass sie achtzehn Minuten nach der vollen Stunde stehen geblieben war. Natürlich klang das beeindruckend, aber es konnte nicht an Ort und Stelle bewiesen werden. Was ich nicht wusste, der Mann aus dem Publikum wohnte ganz in der Nähe des Veranstaltungsortes und ging mit zwei anderen aus dem Publikum während der fünfzehnminütigen Pause nach Hause. Sie fanden die Uhr, und sie zeigte genau die Uhrzeit, die sein Vater angegeben hatte. Ramadahn hatte eine Möglichkeit gefunden, zu beweisen, dass wir nicht anderer Leute Gedanken lesen. Hier muss selbst ein Zyniker zugeben, dass man nicht etwas lesen kann, was gar nicht da ist.

Ich bin überhaupt unsicher, ob irgendjemand die Gedanken von einem anderen lesen kann. Gewiss ist Telepathie eine Tatsache, aber damit sie funktionieren kann, bedarf es zweier gleich gesinnter Gemüter, eines Senders und eines Empfängers. Hat Ramadahn das wiedergegeben, was der Mann im Kopf hatte? Nahm ich es aus der Aura des Mannes wahr? Wie auch immer, der Mann hatte die Uhr vergessen, diese Information musste von irgendwo sonst hergekommen sein. Ich hatte das große Glück, dass ich ähnliche Demonstrationen bei vielen Gelegenheiten in verschiedenen Ländern rund um den Globus geben konnte.

Durch die Kommunikation mit der Geistigen Welt erhalten wir nicht nur allgemeine Informationen, sie hilft uns dabei, die Angst vor dem Tod zu bewältigen, und in ihrer reinsten Form ist sie die größte Wahrheit, die die Menschheit kennt. Sie kann Leben verändern und tut es, und ich glaube, dass sie – mit der richtigen Schulung und Anleitung – helfen kann, die Welt zu heilen.

Leider führt die wachsende Popularität der Medialität im Fernsehen dazu, dass jedes Angebot für einen Workshop oder für Unterricht zur Entwicklung der Medialität von Menschen überschwemmt wird, die schnell etwas lernen wollen. Sie sind häufig überrascht und einige auch enttäuscht, wenn ich den Tag mit folgenden Sätzen beginne: »Bitte erwarten Sie nicht, dass Sie heute von hier weggehen und alles über Medialität wissen. Der Grund dafür ist, dass ich nicht alles weiß, deshalb kann ich Sie auch nicht alles lehren.«

Ich habe für mich herausgefunden, dass die Gabe der Medialität wie eine Zwiebel ist. Jedes Mal, wenn wir eine Schicht entfernen, kommt eine neue zum Vorschein. Ich weiß auch, dass Medialität ähnlich dem Skalpell eines Chirurgen ist: In der Hand eines erfahrenen Menschen kann sie beinahe Wunder wirken und in den Händen eines unerfahrenen kann sie ein heilloses Durcheinander anrichten.

Kommunikatoren aus der Geistigen Welt haben mir gesagt, dass es in ihrer Welt Individuen und auch ganze Gruppen gibt, die geduldig darauf warten, mit uns zu arbeiten und neue Erkenntnisse mit uns teilen möchten, die der Erde auf die vielfältigste Art, die wir uns nur vorstellen können, helfen und sie unterstützen. Sie versicherten mir, dass Information, Wissen und Antworten für alle jene zur Verfügung stehen, die ernsthaft auf der Suche sind, jedoch müssen wir ihnen zeigen, dass wir eines solchen Vertrauens würdig sind.

Der nachfolgende Anhang soll denjenigen helfen, die mehr lernen wollen über Medialität und wie man sie entwickeln kann; darum möchte ich jetzt sagen: ENDE – oder ist es der Anfang?

ANHANG

Medialität

Wenn du dir versagst, dich vorzubereiten,
bereitest du dich vor, zu versagen.
Ratschlag zur Medialität von Ramadahn,
meinem Geistführer

Auf die Frage, woher die Gabe kommt, habe ich Medien oft antworten gehört: »Ich bekomme das einfach so, ganz natürlich«, oder »Ich bin von Geburt an sensitiv, ich habe nie irgendeine Ausbildung gemacht.« Ich weiß, es entspricht in vielen Fällen der Wahrheit. Ich habe lange überlegt, wie wir uns weiterbilden können, und dadurch zu besseren Instrumenten werden für die Geistige Welt. Anfangs hat Ramadahn, mein Geistführer, mich geduldig auf Fehler hingewiesen, Irrtümer korrigiert, mich kritisiert und mir Anleitungen gegeben, wie sich das Instrument, das als Robert Brown bekannt ist, noch besser entwickeln könnte. Das ist ein Lernen ohne Ende. Als erstes müssen wir uns alle eingestehen, dass keiner von uns perfekt ist. Mit ein Grund warum wir hier sind, liegt darin, dass wir eine phantastische Gelegenheit, Leben genannt, erhalten, um unser wahres Ich zu verfeinern, zu fördern und zu schulen. Das gilt für alle Formen des Lebens.

Die erste schwierige Lektion für Medien ist die Tatsache, dass sie allein gar nichts vermögen. Ihre einzige Informationsquelle ist der lebendige Austausch, den sie mit der Geistigen Welt haben. Im Laufe der Jahre hat manch begabtes Medium den verhängnisvollen Fehler begangen, zu glauben, der Botschafter sei wichtiger als die Botschaft. Ramadahn erzählte mir, dass das Ego für zahlreiche ausgezeichnete Medien den spirituellen Tod bedeutet hat und immer noch bedeutet. Ich habe phantastische Medien erlebt, aber einige von ihnen haben den Fehler gemacht zu meinen, sie, einzig und allein sie, seien zur Rettung der Menschheit auserkoren. Einige andere haben leider angefangen, ihren Schmeichlern Glauben zu schenken, die sich um sie scharen und ihnen beständig weismachen wie großartig sie seien. In all diesen Fällen ist es unvermeidlich, dass die Gabe, die sie bekannt gemacht hat, früher oder später nicht mehr wahrnehmbar ist. Ich habe von einigen dieser Medien gehört: *»Wenn du deine Fähigkeit missbrauchst, wird sie dir genommen.«*

In gewissem Sinne stimmt das, aber die Geistige Welt hat mir erklärt, dass es in all diesen Fällen das Instrument ist, das sich von der Quelle entfernt: Unsere geistigen Helfer werden uns nie verlassen. Sie halten stoisch die Stellung, die auf der Wahrheit gründet. Wenn ein Medium diese Wahrheit schmäht oder für falsche Zwecke einsetzt, dann ist es das Medium, das sich, unter Einsatz seines freien Willens, von der Geistigen Welt entfernt. Unsere Führer und Helfer können dabei nur traurig und von Seelenschmerz gepeinigt zusehen und hoffen, dass wir irgendwann auf den rechten Pfad zurückkehren. Der freie Wille ist eben wirklich frei, es gibt keine Bedingungen. Wir können von unserem freien Willen Gebrauch machen, aber wir müssen auch die Konsequenzen unserer Entscheidungen tragen.

Eine der wichtigsten Fragen, die sich alle angehenden Medien stellen sollten, lautet: »Warum möchte ich diese Arbeit machen?« Wenn die Antwort, die ehrliche Antwort, anders ausfällt als: »Ich möchte anderen Menschen helfen«, dann rät die Geistige Welt davon ab, denn dann baut man auf Sand.

Nachdem man sich entschieden hat, als Medium anderen zu helfen und folglich sein wahres Selbst zu veredeln, muss man der Geistigen Welt ein Gefäß zur Verfügung stellen, das so makellos wie möglich ist, das die Geistwesen benutzen können, um es mit ihrer Liebe, ihrer Weisheit und ihrer Anleitung zu füllen. Seien wir doch in diesem Zusammenhang nicht naiv: Es gibt keinen Menschen auf Erden, der nicht im Laufe seines Lebens irgendwelche Vorurteile, Hemmungen und Ängste entwickelt hat, aber in der Medialität müssen wir diese Dinge beiseite legen, wenn auch nur vorübergehend. Einer der Gründe, warum Medien nicht immer auf »Empfang« eingestellt sein können, ist, dass sie manchmal auch ihr physisches Selbst leben müssen. Wie oft ist man von einem Sprecher, Politiker, Kirchenvorsteher oder einem Medium beeindruckt, nur um irgendwann festzustellen, dass diese Person auch noch eine ganz andere Seite hat? Wann werden wir endlich akzeptieren, dass jeder Mensch auch seine Fehler hat?

Wenn Athleten gewinnen, haben sie sich mit jeder Faser ihres Körpers darauf konzentriert, und das gleiche gilt für alle, die Außergewöhnliches leisten. Unser Fokus sollte sich für eine kurze Zeitspanne nur auf unser Ziel konzentrieren, und ein Medium sollte als Ziel die Wahrhaftigkeit anstreben.

In der Medialität muss man lernen, seine eigenen persönlichen Gefühle ganz zurückzustellen. Erst das ermöglicht der Geistigen Welt, ihre Informationen und Botschaften zu übermitteln, und es hilft auch uns, widerstreitende Gedanken auszuklammern. Eines der schönsten Beispiele von Selbstlosigkeit, in seinen Lebenszeiten und auch später, hat ein Mann gegeben, den wir unter dem Namen Jesus kennen. Ich frage die Menschen oft, vor allem die »sehr religiösen«, was sie genau sehen, wenn sie ein Kreuz anschauen. Ich habe immer wieder die Erfahrung gemacht, dass religiöse Menschen eher von einem »Leidens- oder einem Folterinstrument« sprechen. Wenn ich ein Kreuz anschaue, sehe ich den Buchstaben »I« wie »ich«, der durchgestrichen ist. Ich sehe darin, dass uns der Mann namens Jesus, der in der Tat gekommen ist, um »uns den Weg zu zeigen«, uns vermitteln möchte, dass wir unsere eigenen Interessen nicht an die erste Stelle setzen sollten.

Ein Beispiel aus der Geistigen Welt besagt Folgendes: Wenn ein Medium starre Ansichten hat, sagen wir zugunsten der Todesstrafe, dann ist so jemand nicht das beste Instrument für die Geistige Welt. Die eigene, tief verwurzelte Überzeugung des Mediums kann dann im Widerspruch stehen zu dem, was ein verstorbener Angehöriger, der ermordet wurde, zu dem Verbrechen an ihm sagen möchte – die Einstellung des Mediums kann es zu der Aussage verleiten, dass Rache gefordert wird. Ebenso kann das Medium den Sinn der spirituellen Botschaft, dass alles Leben heilig ist, was immer auch geschieht, in sein Gegenteil verkehren. Ist das Medium nicht imstande, seine eigenen Gefühle für die Dauer der Sitzung beiseite zu schieben, kann es die Gedanken aus der Geistigen Welt nicht wahrhaftig wiedergeben.

Wir Menschen neigen dazu, andere auf einen Sockel zu stellen. Auch wenn es richtig ist, andere in ihren Bemühungen nach neuen Gipfeln des Verstehens und hervorragenden Leistungen zu ermutigen – und uns von ihrem Beispiel anspornen zu lassen –, ist doch die Gefahr einer schweren Enttäuschung vorprogrammiert, wenn wir entweder die andere Seite der Person kennen lernen oder wenn der auf dem Sockel mehr Rechte hat als wir. Wenn wir glauben, dass ein Land oder ein politischer oder religiöser Führer mehr Rechte hat als ein anderer, dann werden wir am Ende einen Schock erleben, denn alle sollten gleich sein.

Wie Ramadahn mir einmal treffend in meiner Meditation antwortete: *»Wir kennen keine Rechte von Staaten oder Glaubenssystemen, die höher einzustufen sind als die Rechte der Menschheit.«*

Viele Meditationen sind von wirklich begabten und inspirierten Menschen für alle möglichen Zwecke aufgeschrieben worden. Die folgende habe ich mit Gruppen in aller Welt ausprobiert; ihre Einfachheit ist das Gütesiegel für wahre Inspiration. Manche glauben nach dem ersten Eindruck, dass die Meditation sehr einfach sei, aber um sie gut zu machen und ehrlich, braucht es Übung.

Ich schlage vor, dass Sie zunächst einmal die erste der drei nachstehenden Anleitungen lesen, und gemäß dieser Anweisung üben, bevor Sie die zweite Anweisung lesen und üben, und dann mit der dritten weitermachen. Es hat keinen Sinn, etwas zu erzwingen und alle drei zu lesen. Man weiß dann zum Glück nicht vorher, was als nächstes von einem verlangt wird, sondern kann herausfinden, ob man sich an das hält, was von uns gefragt ist, damit wir wirklich zu leeren Gefäßen werden, die die Geistige Welt füllt.

Wie bei allen Meditationen ist es wichtig, bequem zu sitzen. Wer nicht sehr geübt ist, sollte sich nicht in ungewohnten Stellungen verrenken, nur damit es echt aussieht. Ein stabiler Stuhl mit Armlehnen tut ebenso gute Dienste. Schließen Sie die Augen, und versuchen Sie, sich so wenig wie möglich ablenken zu lassen. Nehmen Sie sich ein paar Minuten Zeit, um sich ganz auf Ihren Atem zu konzentrieren.

Eins. Stellen Sie sich nun vor, Sie sind allein in einem wunderschönen Raum. Sie haben nichts Besonderes vor, aber Sie haben das Gefühl, Sie möchten sich etwas Gutes gönnen. In der Mitte des Raumes ist ein Lichtstrahl. Dieses Licht leuchtet in Ihrer Lieblingsfarbe. Sie gehen auf Ihre Lieblingsfarbe zu und bemerken, dass das Licht ja aus Ihrem Lieblingsstoff kommt, wie immer der auch beschaffen sein mag. Ein ganzer Ballen davon liegt hier mitten im Raum, und er leuchtet in Ihrer Lieblingsfarbe. Auch wenn es Ihnen sehr nach sich selbst verwöhnen aussieht, wissen Sie, dass Sie ganz allein sind, und Sie beschließen, sich in dieses Material zu hüllen, denn Sie wissen auch, wie gut Sie darin aussehen. Und Sie spüren, wie wohl Sie sich darin fühlen. Verwenden Sie den

Stoff, um irgendein Kleidungsstück Ihrer Wahl herzustellen, eines, von dem Sie wissen, dass Sie sich sehr wohl darin fühlen und phantastisch aussehen. Bleiben Sie ein paar Augenblicke bei diesem Bild und lassen es dann langsam, ganz langsam verschwinden. Wenn Sie die Augen öffnen, sollten Sie Papier und Bleistift zur Hand haben und alles aufschreiben, was Sie während der Visualisierung wahrgenommen haben. Seien Sie ehrlich mit sich, selbst wenn Sie sich schuldig gefühlt haben oder verschwenderisch.

Zwei. Sobald Sie wirklich die wunderbare Wirkung des sich Verwöhnens in vollen Zügen genossen haben, bitte ich Sie diesmal, an jemanden zu denken, vielleicht jemanden, dem Sie begegnet sind, der Sie verärgert oder aufgebracht hat, vielleicht eine Verkäuferin, die unhöflich oder unaufmerksam zu Ihnen war, jemand, demgegenüber Sie sich vielleicht etwas gereizt verhalten haben. Ich bitte Sie, sich diese Person vorzustellen, und sie in Gedanken einzuladen, dieselbe Erfahrung zu machen, die Sie gerade für sich gestaltet haben. Vielleicht braucht es ein bisschen gedankliche Überredungskunst von Ihrer Seite, aber wenn Sie die Person gedanklich davon überzeugen können, dass Sie ihr nur Gutes tun wollen, wird die Person es auch zulassen, dass Sie ihr diese Erfahrung ermöglichen. Sie sollten der Beobachter sein und sehen, wie sehr die Person Ihre fürsorgliche Anteilnahme schätzt. Nach einigen Augenblicken lassen Sie auch dieses Bild wieder los, und sobald Sie die Augen geöffnet haben, schreiben Sie alles auf, was Sie miterlebt haben.

Drei. Jetzt kommt der schwierige Teil. In der gleichen Art wie zuvor, indem Sie sich ein inneres Bild machen, möchte ich, dass Sie an jemanden denken, den Sie nicht mögen, wenn möglich jemanden, den Sie hassen, vielleicht jemanden, der wirklich gemein zu Ihnen war oder Sie sogar verletzt hat. Wenn Sie in Ihrem Leben wirklich niemand Derartigen kennen, denken Sie an eine Person von internationaler Bedeutung, die Sie regelrecht verabscheuen. Ich bitte Sie, diese Person einzuladen, die gleiche Farbe und das gleiche Material, in das Sie sich so genussvoll eingehüllt haben, zu erleben. Ja, es bedeutet ein sich Bemühen; ja, in Ihren Gedanken stellt die Person Ihre guten Absichten vielleicht in Frage. Es spielt keine Rolle, wie lange es dauert, wie oft Sie dieses Bild vor Ihrem geistigen Auge aufbauen müssen, ja sogar, wenn Sie aufhören und die Übung eine Woche später erneut in Angriff nehmen müssen, sogar wenn Sie Wochen dazu benötigen, versuchen Sie weiterhin, Ihren einstigen Feind dieselbe Erfahrung machen zu lassen, mit der Sie sich so bereitwillig belohnt haben. Wenn Sie bei diesem Teil Ihr Ziel erreichen, werden Sie wissen, wie es sich anfühlt, ein leeres Gefäß zu sein, denn Sie werden für andere das versucht haben, was Sie für sich selbst ersehnen. Das ist eine wunderbare Meditation, nicht nur für Medien, sondern für alle, die vergangenes emotionales Leid loslassen wollen.

Einige gehen zu einem Medium und lassen sich von diesem sagen, wer ihr geistiger Führer oder Helfer ist oder was der ihnen sagen möchte. Ich verstehe nicht, warum jemand anstelle von Mitteilungen der Geistwesen selbst, die Worte von irgendjemand anderen akzeptieren sollte. Schließlich versuchen die Geistwesen ja, Sie auf Ihrer Lebensreise zu begleiten, daher sollten Sie sie kennenlernen und niemand anderer!

Stellen Sie sich vor, Sie gehen zu einem Medium und das sagt Ihnen, dass Sie einen ägyptischen Priester als Geistführer haben, was ändert das in Ihrem Leben? Ich habe Menschen erlebt, die sich einen Großteil ihres Lebens dem Glauben hingegeben haben, dass eine berühmte und namhafte Persönlichkeit ihr persönlicher geistiger Führer war. Folgendes habe ich dazu von der Geistigen Welt erfahren: Geistige Führer sind in der Regel spirituell hoch entwickelte Wesen. Ihnen ist die Anerkennung ihrer früheren Leistungen ziemlich egal, und vielen ist es sogar egal, wie wir sie nennen. Als mir der Name Ramadahn zum ersten Mal zu Ohren kam, habe ich viele Stunden damit verbracht herauszufinden, ob das tatsächlich der Name meines Geistführers war. Die einzige Erklärung, die ich je erhielt war: »Wenn du mich so nennen willst, ist das in Ordnung, aber wichtiger ist, dass du weißt, wann ich bei dir bin, dadurch dass du mich spüren oder sonst wie wahrnehmen kannst. Das ist besser als jedes Etikett, dass du mir verpassen willst.«

Unsere Geistführer gehören zu uns ganz persönlich. Wir alle haben einen Haupt-Geistführer. Das ist das Geistwesen, das eine Kopie des »Lebensplanes« besitzt, den jeder und jede von uns vor unserer Geburt für sich zusammenstellt. Es ist der Plan unserer spirituellen Lektionen, die wir auf Erden lernen wollen. Es ist eine Aufstellung notwendiger Aufgaben, von denen unser wahres Selbst findet, dass wir sie erleben und aus ihnen lernen sollten, um unser spirituelles Wachstum zu fördern. Leider muss ich sagen, dass ich im Laufe der Jahre an einer Reihe von Treffen teilgenommen habe, auf denen »Medien« erklärt haben, dass irgendein uralter Pharao oder Kleopatra ihre Geistführer wären. Das Gleiche gilt für alle Sitting Bulls, Crazy Horses oder sonstigen Indianerhäuptlinge, Guan Yins[18] und religiösen Führer aller Zeiten. In Wirklichkeit ist Ihr Geistführer wahrscheinlich ein bescheidenes Geistwesen, das keine Anerkennung sucht und nur das möchte, was für Sie richtig ist. Um das zu erfüllen, ist keine weltbekannte erleuchtete Führergestalt nötig, deshalb sollten wir ehrlich mit uns selber und mit der Geistigen Welt sein und versuchen, unsere Phantasie in Zaum zu halten.

Neben dem Geistführer gibt es noch Geisthelfer. Die sind »Experten« auf ihrem Gebiet. Meiner Erfahrung nach, sind es diese »Experten«, die die meisten Medien wahrnehmen, wenn sie Ihnen sagen, dass Sie einen indischen Geistführer oder eine Nonne oder sonst jemanden um sich haben. Für ein Medium sind die Geisthelfer

18. Guan Yin (auch Kuan Yin), chinesische Göttin der Barmherzigkeit (A. d. Ü.).

schnell zu erkennen, da sie ganz eng bei jeder gerade anstehenden Lektion mit Ihnen zusammenarbeiten. Zum Beispiel habe ich meinen Klienten oft gesagt: »Ich sehe eine Nonne bei Ihnen.« Und dann erkläre ich ihnen, dass eine Nonne für mich Geduld, Mitgefühl und Toleranz bedeutet. Es wäre möglich, dass dies die Tugenden sind, die die Person zum gegenwärtigen Zeitpunkt lernt. Die Geisthelfer sind direkt der Aufsicht des obersten Geistführers unterstellt, und man kann mehr als einen Geisthelfer haben. Das erklärt auch die Verwirrung, die manchmal entsteht, wenn ein Medium Ihnen etwas von einem Geistführer erzählt und ein anderes Medium von einem anderen.

Es ist ganz wichtig, dass ein angehendes Medium seinen wichtigsten Geistführer kennenlernt, und es ist zu empfehlen, dass es seine Geisthelfer wahrnimmt. Um sich mit ihrem Geistführer und den Geisthelfern zu verbinden, beschreibe ich Ihnen jetzt eine gute Meditation, die auch ich anwende, und die sich als hilfreich für Studierende auf der ganzen Welt erwiesen hat.

Setzen Sie sich ruhig hin und bereiten Sie sich gut vor, indem Sie versuchen, alles in Ihrer Macht stehende zu tun, um jedwede Störung auszuschließen. Schließlich geht es ja um Sie und Ihre Entwicklung, und beides sollte für Sie so wichtig sein, dass Sie für die etwa zwanzig Minuten, die die Meditation dauert, bestrebt sind, alles andere auszuschließen.

Stellen Sie irgendetwas vor sich hin, worauf Sie sich konzentrieren können – einen Kristall, eine Vase mit Blumen, irgendetwas, das Sie anschauen und dessen

Schönheit Sie sehen. Wenn es Blumen sind, dann schauen Sie sich die Farbe der Blütenblätter an, und betrachten Sie die grünen Stängel. Stellen Sie die Blumen sechzig bis neunzig Zentimeter entfernt vor sich auf, und während Sie die Augen schließen, versuchen Sie, die Blumen als Knospen zu sehen. Mit Ihrem inneren Auge beobachten Sie, wie sich die Blütenblätter langsam öffnen und aufblühen. Wenn Sie einen Kristall vor sich haben, versuchen Sie, immer tiefer in den Stein hineinzuschauen. Halten Sie ihre Augen geschlossen, atmen Sie behutsam durch die Nase ein und durch den Mund wieder aus. Versuchen Sie jetzt in Ihrer Vorstellung, einen »Schritt rückwärts«, weg von Ihrem Körper zu machen, weit genug, dass Sie Ihren physischen Körper wahrnehmen können und sehen wie er im Stuhl sitzt und den Gegenstand, der sich vor Ihnen befindet, anstarrt. Jetzt ist der Augenblick gekommen, an dem Sie sich auf Ihr Herzchakra konzentrieren: Das ist die Stelle, an der Sie Ihren Geistführer am ehesten sehen oder spüren können. Beim ersten Mal kann dieses Gefühl sehr berührend sein, schließlich ist unser Geistführer jemand, der für uns da war, schon bevor wir auf die Welt gekommen sind. Sie drücken damit aus, dass das Vertrauen, das in Sie gesetzt wurde, zu Recht bestanden hat.

Ich erwarte nicht, dass Sie gleich beim ersten Versuch ein klares Bild von Ihrem Geistführer bekommen, aber es ist wichtig, sich an die Gefühle zu erinnern, die Sie dabei gespürt haben. Das wird Ihnen bei weiteren Versuchen helfen festzustellen, ob Sie mit Ihrem Geistführer Kontakt haben oder Ihre Phantasie mit Ihnen durchgegangen ist. Mit der Zeit und mit wachsender Übung werden Sie sofort wissen, wenn ein Geistführer in der Nähe ist. Es ist möglich, seine Geistführer und Geisthelfer kennenzulernen. Ganz wesentlich dabei ist, Fragen zu stellen und die Antworten ruhig abzuwarten. Ich rate jedem, zunächst einmal zu fragen: »Was kann ich tun, damit ich ein besseres Instrument für die Geistige Welt werde?« Warten Sie stets so lange, bis Sie eine Antwort bekommen, bevor Sie weiter an Ihrer Entwicklung arbeiten. Wenn Sie sich einmal mit dem Geistführer und Ihren Geisthelfern verbunden haben, werden Sie sie nie mehr mit irgendjemand anderen verwechseln, denn die reine Liebe, die sie ausstrahlen, lässt sich mit der eines geduldigen Elternteils gegenüber einem wissbegierigen Kind vergleichen.

Nachstehend zeige ich auf, was die Geistführer und Geisthelfer meiner Beobachtung nach bedeuten. Diese Aufstellung ist in keiner Weise vollständig und endgültig, aber im Laufe der Jahre habe ich für mich festgestellt, dass dieses Verständnis der Aufgabe der Geisthelfer sich immer wieder bestätigt hat. Es gibt das kosmische Gesetz, dass Gleiches Gleiches anzieht, und ich habe die Seelengruppen aufgelistet, die zu jedem Typus von Geistführern gehören. Ich möchte Ihnen damit eine ungefähre Vorstellung geben, zu welcher Seelengruppe Ihr Geistführer gehört. Ebenso habe ich die Aufgaben der Helfer zusammengestellt, so dass Sie mehr über Ihre momentane Aufgabe erfahren können, indem Sie mehr über Ihre Helfer herausfinden. Es gibt bei den Seelengruppen vier Hauptgruppen – Heiler, Lehrer, Philosophen und Krieger – und etwa 120 Untergruppen.

Geistführer	Seelengruppe
Chinesen/Tibeter, Inder: ***Erleuchtung und Verstehen***	Heiler oder Lehrer
Japaner/Indianer/ Eingeborenenstämme: ***Balance und Harmonie***	Krieger oder Heiler
Naher Osten (einschließlich Juden und Araber): ***Gerechtigkeit und Frieden***	Philosophen oder Heiler
Europäer (Norden): ***Lernen und kreative Ideen***	Lehrer oder Philosophen, einige Heiler
Alle anderen Nationalitäten: ***Liebe und Friede***	Lehrer, Philosophen, Heiler und Krieger

Wie man sieht, besteht bei jedem der angeführten Beispiele die Möglichkeit, Heiler zu sein, wir müssen nur gewillt sein, einander zu lieben statt zu hassen.

Viele Menschen sind überzeugt, dass ein Angehöriger, der verstorben ist, ihr Geistführer oder Geisthelfer wird. Das mag vielleicht ein tröstlicher Gedanken sein, aber die meisten, die wir zu Lebzeiten gekannt haben, sind nicht ausreichend vorangekommen in ihrer spirituellen Entwicklung, um uns beistehen zu können. Trotz allem ist es sicher so, dass unsere Lieben manchmal als Vermittler zwischen uns und unseren spirituellen Helfern fungieren. Schließlich ist die Wahrscheinlichkeit groß, dass Sie einem Onkel oder einem Großvater oder einer Großmutter, eher vertrauen als irgendeiner Wesenheit, die Sie nie kennen gelernt haben. In dieser Form helfen uns unsere Lieben, bis wir unseren Helfern voll vertrauen können. Man muss viel üben, aber nach einer Weile wird es ziemlich einfach zu erkennen, welcher Seelengruppe jemand angehört. Wenn ich mit Heilern zu tun habe, erleben diese sich zumeist als Menschen, denen es schwer fällt, bei anderen Leuten Nein zu sagen. Sie sind meist gutmütig, und manchmal kann dieser allzu weichherzige Umgang dazu führen, dass sie sich die Probleme der anderen aufladen.

Hinter den Lehrern hingegen sehe ich immer Felsen und Berge. Sie haben unweigerlich von klein auf ein schwieriges Leben. Es sieht so aus, als ob Lehrer »ganz viel lernen müssten«, um dadurch anderen zu zeigen, womit man fertig werden kann. Wenn ich an die Krieger denke, dann kommt mir augenblicklich Jane Fonda in den Sinn, immer an vorderster Front. Wenn es nichts gibt, gegen das man zu Felde ziehen kann, dann finden Menschen vom Schlage einer Jane Fonda etwas Neues. Die Philosophen sind recht selten und typische Einzelgänger. Ihre einzigartigen Gedankengänge können die Art des Denkens anderer Menschen im wahrsten Sinne des Wortes verändern. Die Kehrseite der Medaille ist, dass sie manchmal schlechte Kommunikatoren sind. Wir alle haben von Persönlichkeiten gehört, die als brillant gelten, doch wenn wir uns mit ihnen unterhalten, ist das, was sie zu sagen haben, häufig zu hoch für uns.

Für die, die sich dafür interessieren, welche Rolle die Helfer spielen, hier meine Erklärung. Auch diese Liste ist nicht vollständig, aber sie hat mir wirklich geholfen zu erklären, warum manche Leute die Lektionen lernen müssen, mit denen sie sich gerade auseinandersetzen.

Geisthelfer	Zu lernende Lektion
Nonne oder religiöser Helfer	Mitgefühl, Toleranz und Geduld
Indianer/Eingeborener	Balance und Harmonie
Kleines Kind	Vertrauen, Ehrlichkeit
Tibeter und Asiaten	Spirituelle Wahrheiten

Es gibt natürlich viele verschiedene Geisthelfer, und es gehört wesentlich zur Entwicklung jedes Einzelnen, herauszufinden, welche Lektionen er oder sie zu lernen hat.

Chakren

Chakren oder Energiezentren sind Stellen am Ätherkörper, an denen sich die Energie, die das Medium für seine Arbeit benötigt, wie in Wirbeln konzentriert. Jedes Zentrum hat eine Aufgabe, aber keines funktioniert unabhängig vom anderen. Es gibt viele kleinere Chakren, aber die sieben wichtigsten für ein Medium befinden sich ungefähr an den folgenden Stellen:

- ***Wurzelchakra*** Am unteren Ende der Wirbelsäule. Eintrittsstelle aller Lebensenergie. Farbe Rot.
- ***Sakralchakra*** Bereich ungefähr in der Höhe des Bauchnabels. Intuition und »Bauchgefühl«. Farbe Orange.
- ***Milzchakra***[19] Fungiert als Filter für »verletzte Gefühle«. Farbe Gelb.
- ***Herzchakra*** Heilung. Farbe Grün.
- ***Kehlkopfchakra*** Die meisten Leute sind überrascht, wenn sie herausfinden, dass diese Stelle das Zentrum für die Hellhörigkeit ist. Für das Hören der Stimmen aus der Geistigen Welt. Farbe Blau.
- ***Zwischen den Augenbrauen*** Das bekannteste Zentrum, wird manchmal auch drittes Auge genannt. Farbe Indigo.
- ***Kronenchakra*** Über dem Scheitelpunkt des Kopfes. Das spirituelle Gegenstück zum Wurzelchakra, Eintrittsstelle für alles spirituelle Wissen. Farbe Violett.

Es gibt ausgezeichnete Bücher für alle, die wissen wollen, wie Medialität funktioniert.

19. Robert Brown verwendet hier die in England übliche Chakrenreihe, die nicht genau mit der bei uns üblichen indischen Chakrenreihe übereinstimmt. Wir lokalisieren das »Bauchgefühl« eher im Sonnengeflecht (solar plexus), zu dem das Milzchakra dann als »Nebenchakra« angesehen wird. (A. d. Ü.)

Aber am Wichtigsten ist, dass wir nicht versuchen sollten den zweiten Schritt vor dem ersten zu machen. Das gilt für die Entwicklung der Sensitivität ebenso wie für die körperliche Entwicklung. Es ist sinnvoll, diszipliniert zu sein und sich in einem bestimmten Rahmen Zeit zu nehmen für das eigene Vorwärtskommen. Wenn Sie für sich allein meditieren, versuchen Sie es am Anfang mit zwanzig Minuten bis zu einer halben Stunde an einem festgelegten Tag in der Woche. Es besteht immer die Versuchung, zu lange in der Meditation zu verharren; allzu oft in dem Glauben, dass mehr besser ist und dass wir auf diese Art schneller an unser Ziel gelangen. Das stimmt nicht. Sie werden nur so schnell vorankommen, wie es Ihnen und Ihrem redlichen Bemühen entspricht. Überdies signalisiert die Disziplin, die es braucht, um an einem bestimmten Tag in der Woche eine gewisse Zeit dafür einzusetzen, Ihren Geistführern, dass Sie es mit Ihrem Unterfangen ernst meinen.

Wenn Sie dazu bereit sind, bitten Sie in einem kleinen Gebet um Führung und laden Sie Ihre Geistführer und Geisthelfer ein, näher zu kommen und sich Ihnen so zu zeigen, dass Sie imstande sind, sie zu erkennen. Dann müssen Sie Ihre Chakren oder sensitiven Energiezentren öffnen. Visualisieren Sie eine Kerze oder ein Vorhängeschloss, vielleicht eine Blütenknospe oder ein Bild, das Sie sich gut vorstellen können, und nehmen Sie dieses Symbol bei jedem einzelnen Ihrer sieben wichtigsten Chakren wahr. Richten Sie Ihre Wahrnehmung auf das Wurzelchakra, und was immer Sie sich als Symbol ausgedacht haben, beobachten Sie es jetzt, wie es sich auf Ihren gedanklichen Befehl hin zu öffnen beginnt. Sie wissen, dass diese Zentren miteinander verbunden sind und dass Sie, während Sie einatmen, die Energie von einem zum nächsten Chakra hochziehen. Es kann sein, dass Sie einige Sinneseindrücke bekommen, während Sie diese Zentren öffnen. Es ist nichts Ungewöhnliches, wenn Sie einen »Knoten« im Solar Plexus verspüren, Ihren Herzschlag wahrnehmen, und manchmal schlucken müssen, während sich das Kehlkopfchakra öffnet. Beim sechsten Chakra oder dritten Auge hat man oft das Gefühl, ein Band lege sich leicht um die Stirn. Wenn Sie alle sieben Zentren auf diese Art geöffnet haben, stellen Sie sich ein weißes Licht vor, das über das Kronenchakra in Ihren Körper fließt und sich überall ausbreitet. Beobachten Sie, wie es zuletzt Ihre Hände und Füße erreicht und wie Sie Ihre Zehen und Finger nur noch als grauen Nebel wahrnehmen. Sobald Sie soweit sind, stellen Sie sich ein goldfarbenes flüssiges Licht vor, das über das Scheitelchakra in Ihren Körper fließt und ihn vollständig ausfüllt. Jetzt sind Sie darauf vorbereitet, das spirituelle Gewahrsein Schritt für Schritt zu erfahren.

Eine der ersten Empfindungen, die die Meditierenden manchmal wahrnehmen, nachdem sie sich mit der Geistigen Welt verbunden haben, ist das Gefühl von Spinnweben oder einem Hauch von Haaren, die über das Gesicht streichen. Alle diese Empfindungen sind lediglich eine Bestätigung, dass Ihre sensitiven Zentren offen sind und arbeiten. Diese Empfindungen sind sehr subtil, deshalb machen Sie sich keine Gedanken, wenn Sie sie bei Ihrem ersten Versuch nicht wahrnehmen.

Bei Ihren ersten Versuchen reicht es aus, sich auf das Öffnen und Schließen der Zentren zu konzentrieren. Es ist genauso wichtig, nach jeder Sitzung diese Zentren wieder zu schließen. Fangen sie dabei beim dritten Auge an. Lassen Sie die Energie nach unten sinken und schließen ein Zentrum nach dem anderen. Wenn Sie beim Wurzelchakra angekommen sind, ist es wichtig zu wissen, dass dieses Zentrum wie auch das Scheitelchakra, nie wirklich ganz geschlossen ist, zumindest nicht, solange wir in einem physischen Körper leben. Der Wunsch, allein diese Zentren zu entspannen, führt dazu, dass sie deaktiviert werden, und nachdem Sie sich ein weißes Licht vorgestellt haben, das über das Scheitelchakra in Ihren Körper fließt, nutzen Sie dieses Licht, um alle Empfindungen, Schwingungen und Ausstrahlungen weg zu waschen. Nehmen Sie zum letzten Mal goldenes Licht in sich auf und füllen Sie Ihr ganzes Wesen mit neuer Energie, dann stellen Sie sich ganz sachte einen kleinen Deckel über Ihrem Scheitelchakra vor. Damit haben Sie sich zugemacht bis zu dem Zeitpunkt, an dem Sie sich wieder öffnen möchten.

Eine psychometrische Übung

Hier eine gute spirituelle Übung für Anfänger, für die kein Kontakt mit der Geistigen Welt nötig ist. Die sensitiven Zentren, die zum Einsatz kommen, sind der Solar Plexus, das Milzchakra und das Herzchakra. Diese drei Zentren werden als der Verbund emotionaler Zentren bezeichnet. Sie ermöglichen uns, Sinneseindrücke, Empfindungen und Gefühle wahrzunehmen. Sie verhelfen uns jedoch nicht zu Visionen oder auditiven Eindrücken Viele wollen möglichst schnell vorankommen und ihre Hellsichtigkeit entwickeln, um Geistwesen zu sehen. Ich kann nur raten, dass Ihre hellsichtig erhaltenen Informationen viel deutlicher werden, wenn Sie sich die Zeit nehmen und sich um die Entwicklung dieser drei unteren Chakren bemühen.

Nehmen Sie einen Gegenstand in die Hand, der jemand anderem gehört. Am besten, Sie wissen nicht, wem der Gegenstand gehört. Halten Sie einfach diesen Gegenstand, und versuchen Sie, den Besitzer zu erspüren. Schreiben Sie alle Ihre Empfindungen auf oder nehmen Sie sie auf Band auf. Logischerweise müssen Sie sich mit dem Besitzer in Verbindung setzen können, damit Sie Ihre Empfindungen nachprüfen können.

Das ist eine wunderbare Energieübung und gibt, bei gutem Gelingen, dem Selbstvertrauen Auftrieb. Man kann diese Übung variieren, indem man Gegenstände in ein Kuvert steckt, so dass man sie nicht wirklich berühren kann. Das sollte man aber erst versuchen, wenn man genügend Übung darin hat, Gegenstände zu »lesen«, die man tatsächlich in Händen hält. Schreiben Sie Ihre Empfindungen auf, übergeben Sie dem Besitzer diese Liste Ihrer »Eindrücke« und bitten Sie ihn, Ihnen ehrlich zu sagen, was Sie richtig und was Sie falsch empfunden haben. Sensitive, Tarotkartenleger, Menschen, die mit der Kristallkugel arbeiten, intuitive Personen und solche, die Runen deuten oder Teeblätter lesen, setzen dabei ihre drei unteren Zentren ein. Ein Medium arbeitet mit diesen drei Zentren und zusätzlich mit dem Kehlkopfchakra und dem dritten Auge. Ein Medium, das gut arbeitet, wird mit allen sieben Chakren arbeiten.

Meditation

Meditation ist von entscheidender Bedeutung für die Entwicklung medialer Fähigkeiten. Wir müssen in diese Stille gehen, um jene näher zu uns zu holen, die mit uns arbeiten. Die meisten Medien heute haben ihre eigenen Gepflogenheiten was Meditation anbelangt. Es gibt viele Bücher zu diesem Thema, aber für die Medien ist das Wichtigste an der Meditation, dass keine Störung auftritt und sie zielgerichtet sind. Viele Menschen haben mir erzählt, dass sie schon seit ewigen Zeiten »meditieren« und rein gar nichts erfahren. Ich frage mich oft, ob unsere Geistführer uns manchmal beobachten, wie wir dasitzen mit leerem Kopf, und sich fragen, was in aller Welt wir denn wollen. Stellen Sie eine Frage, geben Sie Ihrer Meditation einen Sinn. Wählen Sie eine sinnvolle Frage und meditieren Sie über diese Frage, bis Sie eine Antwort erhalten. Andere Menschen fangen an zu meditieren und stellen Tausende von Fragen. Wahrscheinlich erhalten sie auch auf alle eine Antwort, aber welche Antwort gehört zu welcher Frage?

Geben Sie Ihren Meditationen einen Sinn und genießen Sie sie. Achten Sie darauf, dass sie einfach sind, was die Visualisierungen anbelangt. Was bringt es Ihnen, wenn Sie sich irgendein kompliziertes Bild vorstellen, das Sie vielleicht davon abhält, die Antworten zu erhalten, die Sie suchen? Als ich mir 1995 mein Bein brach, versuchte ich mich mit dem Gedanken aufzumuntern: »Ja, gut, zumindest habe ich jetzt mehr Zeit, um zu meditieren, vielleicht komme ich so zügiger weiter.« Ramadahn erklärte mir sehr schnell: »Mach in deinem bisherigen Tempo weiter; wir brauchen Qualität nicht Quantität.« Und er fügte in seiner geistreich-witzigen Art hinzu: »Außerdem, was stellst du dir eigentlich vor, wohin du rennst?«

Inspiration

Hier ein guter Weg, die Inspiration zu erkunden: Denken Sie an ein Thema, vielleicht eines, das Ihnen vertraut ist, und setzen Sie sich wie zum Meditieren hin. Öffnen Sie alle Zentren, aber lenken Sie Ihre Energie speziell zum Herzen. Nehmen wir einmal an, Sie wählen das Thema Liebe. Denken Sie über das Wort nach und darüber, was es für Sie bedeutet, und sorgen Sie dafür, dass die Energie vor allem zum Herzen und zum Scheitelchakra geht. Wenn Sie irgendwelche Wörter, Gedanken und Eindrücke bekommen, von denen Sie das Gefühl haben, sie zeugten von einem etwas höheren Wissen oder Verständnis als Ihrem eigenen, schreiben Sie sie auf. Wenn irgendetwas an der Information Ihnen hilft, etwas in einem anderen oder sogar positiveren Licht zu sehen als zuvor, ist die Wahrscheinlichkeit groß, dass irgendjemand versucht, Sie zu inspirieren.

Um die Hellsichtigkeit zu üben, ziehen Sie die Energie hoch bis zum Zentrum zwischen den Augenbrauen. Strengen Sie sich nicht an, oder versuchen Sie nicht irgendetwas zu überstürzen, geben Sie sich damit zufrieden, wenn Sie bei den ersten Versuchen nur wirbelnde Lichter oder möglicherweise Farben sehen. Echte Hellsichtigkeit verlangt sehr viel Übung und entwickelt sich selten, wenn wir allein üben. Der beste Ort, um die Hellsichtigkeit wirkungsvoll zu fördern, ist ein Zirkel mit einem erfahrenen Lehrer. Dasselbe gilt für die Hellhörigkeit, wobei wir bei dieser Gabe die Energie zum Kehlkopfchakra lenken müssen.

Obwohl Sie sehr viel tun können, um sich auf die Entwicklung Ihrer Medialität vorzubereiten, bin ich der Meinung, dass nichts einen guten und erfahrenen Lehrer und einen harmonischen Zirkel mit gleichgesinnten Leuten ersetzen kann.

Ich hoffe, dass Sie dieses Buch darin bestärkt hat, Ihre Suche nach einer Antwort auf die älteste Frage des Menschen fortzusetzen.

Zwei Sitzungen mit Robert Brown

Erstes Beispiel

Mein Name ist Bill, und ich wohne in Lutz, Florida. Meine erste Erfahrung mit Robert Brown machte ich anlässlich einer telefonischen Sitzung im Juli 1998. Ich hatte noch nie zuvor den Rat eines Medium eingeholt. In der Tat hatte ich vor dieser Sitzung mit Robert niemals auch nur einen Gedanken an Medien oder ihre Glaubwürdigkeit verschwendet. Das verzweifelte Verlangen danach, herauszufinden, ob es meinem Angehörigen auf der anderen Seite gut ging, trieb mich an, und außerdem brauchte ich eine Bestätigung von der geliebten Person in der Geistigen Welt, dass er hier in der physischen Welt immer noch bei mir war.

Bei meiner ersten telefonischen Sitzung mit Robert hatte ich ehrlich gesagt keine Ahnung, was mich erwarten würde. Ich hatte so meine Zweifel, dass diese Sitzung irgendetwas Sinnvolles bringen würde. Ich hatte irgendwie das Gefühl, dass es ähnlich sein würde, wie ein Besuch beim Wahrsager auf dem Jahrmarkt, und dass das Einzige, was dabei herausschauen würde, allgemein gehaltene Aussagen und Vorschläge sein würden. Natürlich habe ich gehofft, dass es mehr als das wird – und ich habe mehr bekommen.

Ich hoffte, mit meinem Sohn in Kontakt zu treten, der im November 1997 das Opfer eines brutalen Tötungsdeliktes geworden war. Er war von mehreren jungen Punkern verprügelt worden, die ihn mit Fußtritten traktierten, mit Fäusten schlugen und mit Baseballschlägern auf ihn eindroschen. Sie haben ihn nicht einmal gekannt. Es war ein sinnloses Töten aus reiner Freude, dass sie jemanden in einer wehrlosen Situation verprügeln konnten. Mein Sohn flehte sie an, mit dem Prügeln aufzuhören und schrie um Hilfe, aber sie schlugen weiter auf ihn ein. Sie lachten und beschimpften ihn, während sie ihn immer weiter attackierten. Ich sehe ihn immer noch vor mir, wie er auf dem kalten Beton liegt, völlig hilflos und allein, den Schlägen ausgeliefert. Er war drei Tage lang an einer lebenserhaltenden Maschine angeschlossen, dann teilte uns das Spital mit, dass unser Sohn hirntot sei. Ich stritt mit den Ärzten, sagte ihnen, dass man doch noch mehr tun können müsste; ich ließ mir von ihnen die Röntgenaufnahme seines Gehirns zeigen. Doch zuletzt war es klar, mein Sohn, mein Stolz und meine Freude, würde nie wieder heimkommen. Am 19. November um 19.30 Uhr schalteten wir die Maschine ab. Meine Frau und ich standen neben ihm, hielten seine Hand und weinten. Sein Herz war stark. Es schlug fünfzehn Minuten, bis die Herzschläge allmählich langsamer wurden und schließlich ganz aufhörten. Er war einundzwanzig Jahre alt, und er war tot.

Die Leere, die in meiner Welt durch den Tod meines Sohnes auf so grausame Art entstand, lässt sich nicht mit Worten beschreiben. Sie verzehrte mich völlig. Der Junge sollte in wenigen Wochen in meinem Geschäft anfangen. Ich hatte ihm gerade eben einen Lastwagen gekauft für die Arbeit. Nur wenige Stunden vor dem Überfall auf ihn, hatten wir am Telefon gesprochen und verabredet, dass er uns am folgenden Montagabend zu Hause besuchen sollte, damit wir miteinander das montagabendliche Football-Spiel anschauen konnten.

Robert wusste nichts von alledem, als wir unsere erste telefonische Sitzung hatten. Dennoch war Robert innerhalb weniger Minuten in der Lage, mir zu sagen, wie mein Sohn starb, dass er zu früh gestorben war und dass er ein junger Mensch war. Robert war auch in der Lage anzugeben, wie viele Leute ihn in jener kalten Novembernacht misshandelt hatten. Er fuhr fort und beschrieb mir eine Collage von Bildern meines Sohnes, die ich nach seinem Tod in meinem Büro aufgehängt hatte. Zudem konnte Robert wahrnehmen, dass diese Collage von Fotos sich über einem anderen großen, gerahmten Bild befand. Zur Bestätigung gab mir Robert noch eine Reihe von Namen, die auf dem Bild aufgedruckt waren, das sich unter der Collage der Fotos befand. Als ich später, nach der Sitzung am Telefon, nachsah, fand ich fünf der sieben Namen, die Robert mir angegeben hatte, auf dem Bild wieder. Ich möchte nochmals betonen, dass Robert noch nie zuvor mit mir gesprochen hatte und dass er eindeutig noch nie bei mir zu Hause gewesen war. Das war für mich eine Bestätigung, dass Robert seine Informationen von meinem Sohn erhielt.

Anschließend beschrieb Robert meinen Sohn und seinen Charakter wie sein fröhliches, hilfreiches Wesen, das er während seines ganzen kurzen Lebens hatte. Robert war auch in der Lage, die körperlichen Merkmale meines Sohnes zu beschreiben, einschließlich seines Haarschnitts, und dass er sich vor dem Abend, an dem er zu Tode geprügelt wurde, die Haare hatte schneiden lassen. Das stimmte. Nur wenige Stunden vor dem Übergriff hatte sich mein Sohn in seiner Wohnung von einem seiner Freunde die Haare schneiden lassen. Robert fuhr fort und sagte, dass jemand nach dem Tod meines Sohnes in seine Wohnung gegangen sei, um nach einer Haarsträhne von ihm Ausschau zu halten. Während der Sitzung konnte ich mich daran nicht erinnern, aber als ich nach der Sitzung darüber nachdachte, fiel mir ein, dass ich, als meine Frau und ich nach dem Tod meines Sohnes in seine Wohnung gingen, um dort alles aufzuräumen, ins Badezimmer ging und im Waschbecken nachsah, ob ich noch einige Haare von ihm finden würde. Robert erklärte mir auch, dass er sah, wie jemand an der Beerdigung meines Sohnes etwas vorlas, den Zettel dann zusammenfaltete und ihn in eine Tasche steckte. In der Tat hatte ich bei der Beerdigung meines Sohnes einen Nachruf vorgetragen und ihn, nachdem ich ihn vorgelesen hatte, tatsächlich zusammengefaltet in meine Manteltasche gesteckt.

Mein Eindruck nach dieser ersten Sitzung war überwältigend. Robert sagte mir so viele Dinge, von denen er überhaupt nichts wissen konnte. Ich wollte mehr! Ich wollte herausfinden, ob Robert in einer weiteren telefonischen Sitzung ebenso gut sein würde – das wäre der Beweis. Meine zweite Sitzung mit Robert via Telefon fand im Mai 1999 statt. Ich ließ mich auf diese Sitzung ein, in der Hoffnung, dass sie ebenso ergiebig sein würde wie die erste, und wieder enttäuschte mich Robert nicht. Er kam in Kontakt mit meinem Sohn und erzählte mir von einem Traum, den ich erst kürzlich gehabt hatte. Das war richtig. Robert fragte, ob mein Sohn Kopfverletzungen erlitten hatte, und ich erwiderte »Ja«. Dann bestätigte mir Robert, dass mein Sohn meiner Schwiegermutter geholfen hatte, als sie in die andere Welt ging, er hatte sie in Empfang genommen. Mein Sohn erzählte Robert, dass er »schlagartig von dieser Welt gegangen sei«, und dass es sich dabei um keinen »Unfall« gehandelt habe. Dann teilte mein Sohn Robert mit, dass ihm sein »Altar« gefiel. Dabei handelt es sich um einen Tisch, auf dem seine Fotographie steht, und wo ich viel mit ihm rede. Sein Bild steht direkt unter einer Tischlampe, die sein Gesicht erhellt. Auch das konnte Robert nicht wissen, da er noch nie bei mir war.

Erstaunlicherweise gab Robert an, dass mein Sohn von einem Datum sprach, dem 18. Oktober und andeutete, dass an diesem Tag etwas geschehen würde. Zum Zeitpunkt der Sitzung im Mai sagte mir das Datum vom 18. Oktober überhaupt nichts. Wie sich später herausstellte, war der 18. Oktober der Tag, an dem wir das Gerichtsverfahren gegen den Vermieter der Wohnung, in der mein Sohn zum Zeitpunkt seines Todes wohnte, gütlich beilegten. Es war eine Voraussage, die Robert da machte, mitgeteilt von meinem Sohn in der Geistigen Welt. Es gab noch eine weitere telefonische Sitzung mit Robert, in der er wiederum mit meinem Sohn in der

Geistigen Welt Kontakt hatte und mir sehr persönliche und spezifische Botschaften von meinem innig geliebten Sohn übermittelte, die nur von der anderen Seite kommen konnten.

Meine Sitzungen mit Robert Brown haben mir ein Gefühl von Ruhe, Trost, Frieden und Hoffnung gegeben. Obwohl ich meinen Sohn immer noch vermisse, und ich bis zu einem gewissen Grad gedanklich mit ihm kommunizieren kann, wird alles so viel klarer, wenn ich eine Sitzung bei Robert habe, und ich tatsächlich Fragen an meinen Sohn richten kann und sogleich eine Antwort erhalte. Bei mehreren unserer Sitzungen ist es vorgekommen, dass Robert manchmal aus den Antworten meines Sohnes überhaupt nicht klug wurde. Das ist in meinen Augen eine weitere Bestätigung dafür, dass Robert wirklich in Verbindung mit meinem Sohn in der Geistigen Welt ist. Es gibt viele Menschen und selbst einige Religionen, die Medien nicht anerkennen; in den Augen der katholischen Kirche sind Medien die Gehilfen des Teufels. Ich verstehe das nicht. Robert hat nie etwas getan oder gesagt, das man als antireligiös bezeichnen könnte. Er hat immer nur Worte des Friedens, des Trostes und der Liebe übermittelt.

Ich bin sehr glücklich, dass ich Robert Brown und damit eine Möglichkeit gefunden habe, mit meinem innig geliebten Sohn in der Geistigen Welt zu kommunizieren. Er hat mich zu einem wahren Gläubigen gemacht, und ich freue mich schon auf viele weitere Sitzungen mit ihm.

Zweites Beispiel

Das erste Mal, als ich Robert Brown traf, war im Mai 2000, als ich an einer phantastischen Klausurtagung in Barbados teilnahm, die er mit drei anderen bekannten Medien und zwei weiteren begabten Lehrern leitete. Es ging bei dieser Tagung darum, zu lernen, einen besseren Zugang zu unseren eigenen medialen Fähigkeiten zu finden. Dabei bot sich auch die seltene Gelegenheit, an einer Reihe von kleinen Gruppensitzungen mit jedem dieser unglaublichen Medien teilzunehmen. Meine Mutter und ich wurden einer kleinen Gruppe zugewiesen, die der Reihe nach geschlossen zu jedem der vier Medien gingen.

Unsere erste Gruppensitzung hatten wir mit Robert. Meine Mutter und ich waren aufgeregt, zaghaft und auch skeptisch. Ich war ungeheuer berührt in dieser Sitzung, durch die Art, wie meine Großmutter mütterlicherseits sich meldete. Roberts plastische Beschreibung ihrer Eigenheiten, ihres Charakters, ihres Humors und der Krankheiten, an denen sie vor ihrem Tod litt, war so zutreffend, dass ich innerlich aufgewühlt war. Mein Herz schlug mir bis zum Halse, und während der ganzen Sitzung liefen mir die Tränen übers Gesicht. Es war ein Gefühl, als ob Nana direkt neben uns stünde. Einige der Informationen, die Robert von meiner Großmutter übermittelte, verhalfen mir zu einer Verschnaufpause, sie besagten, dass ich »sehr stark« sein musste und wie »mir der Teppich unter den Füßen weggezogen worden war« während der letzten sechs Monate. Ich konnte einige dieser Einzelheiten anfänglich nicht bestätigen. Erst viel später bemerkte ich, dass wir es nicht mit einem Fall von »übersinnlicher Amnesie« zu tun hatten, sondern in Wirklichkeit mit einer Voraussage.

Unsere Reise nach Barbados war eine das Leben verändernde spirituelle Erfahrung, von denen man manchmal reden hört. Die Grundlagenkenntnisse, die wir während der Klausur erlernten, wie Entspannungstechniken, sich öffnen, Meditation und Entwicklung der Medialität wirkten zündend auf mein ohnehin lebhaftes Interesse. So war es selbstverständlich für mich, mich weiterhin mit diesem Gebiet auseinanderzusetzen, als Robert im vergangenen Oktober erneut einen Workshop zur Entwicklung der Medialität anbot. Meine Schwester und ich nahmen daran teil. Während einer Übung half Robert einem anderen Teilnehmer mit einem Kontakt für eine Person, die zufällig zwei Reihen vor mir und meiner Schwester saß, als einige sehr spezifische Informationen durchkamen, die die junge Frau nicht bestätigen konnte, die aber ganz klar für uns stimmten. Der Geburtstag meiner Schwester, der Name meiner Mutter und ein Schmuckstück, für das meine Großmutter mütterlicherseits bekannt war. Wir flüsterten einander zu: »Das ist Nana!« Doch wir wollten uns nicht vordrängen. Kurz nach diesem Workshop war uns klar, dass Nana versuchte, mit einer Botschaft zu uns zu gelangen, und wir beschlossen, uns nach einer Möglichkeit für eine Sitzung mit Robert Brown zu erkundigen. Wir waren keineswegs überrascht, dass Nana sich auf diese Art und Weise bei uns gemeldet hatte, denn schon zu Lebzeiten war sie sehr redselig und humorvoll, und sie ist es offenbar auf der anderen Seite geblieben. Wie immer, wenn etwas sein soll, geschieht es auch. Pam, Roberts Assistentin, fand einen Termin in seinem Terminplan, weil jemand abgesagt hatte. Wir waren hocherfreut, aber auch ein bisschen nervös.

Zwischen dem Workshop und der Sitzung hatte sich vieles ereignet. Meine Eltern waren von Ferien aus Europa zurückgekehrt, und das Unerfreuliche daran war, meine Mutter zeigte Anzeichen einer schweren Erkrankung. Am Morgen des Sitzungstermins hatten wir sie zum Arzt gebracht, sie musste einige Untersuchungen auf Krebs über sich ergehen lassen. Jetzt konnte ich die Äußerungen, die Robert ein halbes Jahr zuvor auf Barbados gemacht hatte, dass mir »der Teppich unter den Füßen weggezogen würde« und ich »sehr stark« sein müsste, vollkommen verstehen. Ich war dankbar, dass sich meine Großmutter so hartnäckig bemüht hatte, während Roberts Workshop Botschaften an uns durchzugeben, und dass wir jetzt den Termin hatten, den wir so dringend brauchten.

Am 10. November, während der Privatsitzung, meldete sich wirklich unsere Großmutter mütterlicherseits mit wichtigen Informationen unsere Mutter und ihre Krankheit betreffend. Nana schenkte uns große Hoffnung, als sie auf Roberts Frage, ob sie ihre Tochter auf der anderen Seite erwarte, meinte: »Sie (die Geistwesen) sind noch nicht bereit, sie hier zu empfangen.« Robert meinte, dass das Ganze in seinen Augen ein »Weckruf« sei, aber dass Mutter noch einiges auf der physischen Ebene durchmachen müsse, bevor die Lösung käme. Das schaffte uns ungeheure Erleichterung. Gott sei Dank hat Mutter, während ich dies schreibe, soeben ihre Therapien abgeschlossen und befindet sich auf dem Weg der Besserung.

Unser Großvater väterlicherseits meldete sich ebenfalls, und Robert beschrieb sehr genau, wie sein Aussehen, seine Persönlichkeit und sein Auftreten waren, als er noch lebte. Opas Botschaften gaben uns Kraft und Informationen über unsere spirituelle Entwicklung während der letzten paar Jahre, Informationen, die ebenfalls zutrafen. Dann meldete sich mein Bruder, den Robert die »Hauptperson« nannte. Robert beschrieb ihn als jemand, der ein »sehr schönes Lächeln« hatte, und er sah ihn in »Kleidung der Geistigen Welt«. Er fügte hinzu, er habe fast etwas Flüchtiges an sich und sähe aus wie ein »freundlicher Priester mit rosigem Gesicht«. Robert erklärte, dass er nie Kleidung der Geistigen Welt sähe, es sei denn, sie hätte eine besondere Bedeutung und dass er das Gefühl habe, mein Bruder wäre auf einer höheren Ebene, er aber nicht wolle, dass Robert seine Stellung besonders hervorhebe. Interessanterweise hatten meine Mutter und ich meinen Bruder genauso wahrgenommen, während vorangegangener Meditationen auf Barbados, in denen uns die Medien angeleitet hatten, mit unseren Angehörigen in Kontakt zu kommen. Auch ein anderer Zusammenhang, auf den meine Tochter gerade hingewiesen hat, wäre möglich: Der Unfall, der seinen Tod herbeiführte, geschah auf dem Rasen vor einer Kirche.

Aufgrund der Tatsache, dass mein Bruder vor seinem Tod im Koma lag, hatte Robert das Gefühl, dass er ihm einige Fragen stellen konnte, wie zum Beispiel »Wann war der Zeitpunkt des Todes?« Mein Bruder teilte ihm mit, dass er, obwohl sein Körper noch weiterexistierte, schon weitergegangen war und alles beobachtet hatte, was geschah. Robert bat ihn um einen Beweis dafür. Daraufhin beschrieb mein Bruder mit Roberts Hilfe, dass er sich neben einem Apparat befand, auf dessen Bildschirm ein gerader Strich zu sehen war oder ein Strich, der kaum Bewegung zeigte. Das war absolut richtig, da sich bei meinem Bruder eine Hirntätigkeit von lediglich einem Prozent feststellen ließ. Robert fragte ihn, ob er Schmerzen gehabt hätte, und er antwortete, dass er lediglich Schmerz verspürte, wenn er sah, wie wir trauerten und uns an die Hoffnung klammerten … aber jetzt sind wir wirklich voller Hoffnung.

Mein Bruder erzählte auch Einzelheiten über etwas, das vor seinem Tod geschah und von dem meine Schwester und ich keine Ahnung hatten. Er beschrieb fünf Leute, die am Bett standen und beteten. Nach unserer Sitzung befragten wir unsere Mutter darüber und erhielten von ihr die Bestätigung.

Im Verlauf der Sitzung flackerten Lichter, und es waren Geräusche im Raum zu hören, über die wir alle lachten. Wir hatten solche Phänomene schon früher erlebt, wenn wir die Anwesenheit verstorbener Angehöriger spürten. Robert stellte meinem Bruder eine weitere Frage, die häufig an ihn gerichtet wird: »Sind diejenigen, die in die Geistige Welt gegangen sind, ständig bei uns?« Die Antwort meines Bruders lautete: »Manchmal näher … manchmal ferner.« In diesem Augenblick erklang aus der Richtung, von der Robert zuvor gesagt hatte, er sehe meinen Bruder dort stehen, ein Geräusch. Es erschreckte uns, und meine Schwester sagte scherzend: »Jetzt ist er hier!« Wir mussten alle laut lachen. Eine Information, die tröstlich für mich war, kam von ihm, als er sagte »Sie« sind immer da, wenn es nötig ist. »Sie« gehen zu den Menschen, die Hilfe am Dringendsten brauchen. Er erklärte auch, dass »Sie« bei mehr als einer Person gleichzeitig sein können. Robert übermittelte auch, dass mein Bruder am häufigsten bei meiner Mutter und bei meinem Vater war, als sie beide durch die Krankheit meiner Mutter sehr durchgeschüttelt waren.

Ganz viele Informationen wurden in dieser Sitzung gegeben; es ist schwierig alle aufzuzählen. Andere Fakten über zwischenmenschliche Beziehungen zu noch lebenden Familienmitgliedern wurden ebenfalls übermittelt. Die beiden Male, an denen ich Sitzungen bei Robert hatte, staunte ich nicht nur über die Fülle der Informationen, die gegeben wurden, sondern auch über deren Genauigkeit. Ich hatte früher Angst vor diesen Kontakten und stand ihnen sehr skeptisch gegenüber. Jetzt empfehle ich allen, die den Tod eines lieben Menschen betrauern, von ganzem Herzen sich darauf einzulassen, weil ich weiß, wie viel Trost es mir gebracht hat.

Diese Sitzung übte eine tiefe Wirkung auf uns alle aus. Die Botschaften voller Hoffnung von verstorbenen Verwandten zu hören, gab uns die Kraft und Entschlossenheit alles Nötige zu unternehmen, um Mutter und Vater in der gesundheitlichen Krise beizustehen. Ich werde ihren Blick voller Staunen und die Erleichterung auf ihrem Gesicht nie vergessen, die ich sah, als wir ihr das Band mit unserer Sitzung vorspielten. Mit einem kleinen Lächeln verriet uns Mutter, was es mit der besonderen Botschaft, die Nana ihr geschickt hatte, auf sich hatte. »Sie sind noch nicht bereit, dich zu empfangen«, war der Satz, den meine Mutter so manches Mal zu Nana sagte, bevor meine Großmutter starb. Ich bin der festen Überzeugung, dass es Mutter half, gegen den Krebs anzukämpfen, eine schwierige Phase zu überwinden und ihren Seelenfrieden einigermaßen zu finden, zu hören, wie Großmutter ihr mit demselben Satz eine Botschaft übermittelte. Die ganze Sitzung war ein Geschenk des Himmels für meine Familie. Sie bestätigte von Neuem, was wir stets in unseren Herzen gespürt hatten, dass unsere Familie auf der anderen Seite uns immer noch liebte und unterstützte.

Danksagungen

Viele Menschen haben mich ermutigt, dieses Buch zu schreiben. Folgenden will ich meinen besonderen Dank aussprechen:

Michael, der jedes Kapitel buchstäblich mitgelebt und mich immer wieder unterstützt hat.

Pam, die Geistige Welt hat mir mit dir den wunderbarsten und organisiertesten Schmetterling geschickt. Dein Glaube an mich hat vielen geholfen, die Hilfe brauchten.

Peter Close, der als erster »den ungeschliffenen Diamanten« erkannte.

Heather und Adrian, dafür, dass sie immer für mich da waren und sind.

Carol Thomas für ihre Unterstützung und Ermunterung und auch für meine Winter-Unterkunft.

Steve und Chris Thomas habt Dank für eure Freundschaft und dass ihr mir den richtigen Weg gewiesen habt.

John und Sandra, dass sie mich an der Ostküste so freundlich aufgenommen haben. Danke für eure klugen, geschäftlichen Ratschläge.

Lilia Logette und Barbara Simons, dass sie mich von der Umsetzung meines Vorhabens überzeugt und mich mit Lenny Rapp, meinem wunderbaren Webmaster bekannt gemacht haben.

Ohne all jene, die meine Reisen unterstützt und mich in meiner Arbeit ermutigt haben, wäre die Liste nicht vollständig: Rosalind Cattanach (London), Ursula Reeg (USA), Martina Brauneis (Deutschland), André Studer (Schweiz), Ronnie Marmelstein (Deutschland), Bill und Donna Moller (USA), John Goldingham und Elizabeth Kennedy (Neuseeland), Happy Singh (Indien) und alle, die an der Learning Light Foundation in Anaheim, Süd-Kalifornien (USA) beteiligt sind.

Unendlich viele Menschen auf der ganzen Welt haben dazu beigetragen und mich ermutigt, die Informationen, die in diesem Buch sind, zu sammeln; auch ihnen meinen innigsten Dank.

Last but not least: Jackie Joiner, John Aherne und Megan Rickman und alle bei Warner Books Beschäftigten – ein großes Dankeschön, wir haben's geschafft.

Adressen

Kontaktadresse:

Robert Brown
P.O. Box 646 · Merrick, NY 115660646
Website: www.robertbrown-medium.com

Nützliche und interessante Websites:

ADC: www.after-death.com

The Learning Light Foundation:
www.leaninglight.org

Center for Human Development: www.espcenter.com

Leslie Flint Education Trust: www.leslieflint.com

The Compassionate Friends:
www.compassionatefriends.org

Deutsche Seiten:

Netzwerk Nahtoderfahrung e.V.:
www.netzwerk-nahtoderfahrung.de

Christentum und Spiritualismus, Internet-Seiten für spirituelles Christentum, Parapsychologie und Spiritualismus: www.wegbegleiter.ch/

Joerg Kressig, geboren 1962 in der Schweiz, prägte während 15 Jahren die Schweizer Medien, zuerst als jüngster Fernsehansager und Redaktor beim Schweizer Fernsehen, dann als Radiomoderator. Heute ist er u. a. als Beauty- und Stylingexperte tätig und entwickelte eine eigene Kosmetiklinie. Er arbeitet auch als freier Moderator und Fotograf.

Seit mehr als zwei Jahrzehnten bewegt sich Joerg Kressig in der Welt des Glamours, der Models, der Kosmetik und der Mode. Im Innersten aber beschäftigt ihn ein völlig entgegengesetzter Kosmos: Sinnsuche und tiefe Spiritualität. Wie lebt es sich in diesen Extremen? Sind solche Gegenpole überhaupt vereinbar? In seinem Debütroman setzt sich der Autor mit diesen Themen intensiv auseinander. Er nimmt den Leser mit auf eine bewegende Reise ins Innerste – voller faszinierender Erkenntnisse und Inspirationen. In der Auseinandersetzung mit Leben und Tod, der Frage nach dem Sinn des Lebens, entstand dieser Roman.
Inhalt: Ausgebrannt und überarbeitet trifft David zu einem Ayurveda-Urlaub auf Sri Lanka ein. Bereits am ersten Tag begegnet er der geheimnisvollen Jeanne du Moulin. Diese und andere Begegnungen konfrontieren David mit einer Welt, welche seine Sicht auf sein bisheriges Leben komplett verändert. Auf der Suche nach Wahrheit und Selbstfindung wird der Aufenthalt anstrengend, teilweise schmerzvoll und endet schließlich mit einem Befreiungsschlag.

Joerg Kressig
Die Bücher von A-ong. Roman
192 Seiten, gebunden mit Schutzumschlag
ISBN 978-3-9523202-4-2 · Fr. 34,90 – 20,50 €

www.gigerverlag.ch